国家社科基金项目（批准号：13BJY082）
西南民族大学国家级一流本科专业建设点资助项目，XNYL2020006

中国对外直接投资与国内产业结构转型升级的内外联动机制研究

RESEARCH ON THE INTERNAL AND EXTERNAL LINKAGE MECHANISM BETWEEN CHINA'S OUTWARD FOREIGN DIRECT INVESTMENT AND THE UPGRADING OF DOMESTIC INDUSTRIAL STRUCTURE

尹忠明　李东坤　龚静／著

中国经济出版社
CHINA ECONOMIC PUBLISHING HOUSE
·北　京·

图书在版编目（CIP）数据

中国对外直接投资与国内产业结构转型升级的内外联动机制研究 / 尹忠明，李东坤，龚静著．—北京：中国经济出版社，2021.12

ISBN 978-7-5136-6729-6

Ⅰ．①中… Ⅱ．①尹… ②李… ③龚… Ⅲ．①对外投资 - 直接投资 - 研究 - 中国 ②产业结构升级 - 研究 - 中国 Ⅳ．① F832.6 ② F269.24

中国版本图书馆 CIP 数据核字（2021）第 227446 号

责任编辑　王　帅
责任校对　李若雯
责任印制　巢新强

出版发行　中国经济出版社
印 刷 者　北京艾普海德印刷有限公司
经 销 者　各地新华书店
开　　本　710mm × 1000mm　1/16
印　　张　11.75
字　　数　200 千字
版　　次　2021 年 12 月第 1 版
印　　次　2021 年 12 月第 1 次
定　　价　88.00 元
广告经营许可证　京西工商广字第 8179 号

中国经济出版社 网址 www.economyph.com **社址** 北京市东城区安定门外大街 58 号 **邮编** 100011

本版图书如存在印装质量问题，请与本社销售中心联系调换（联系电话：010-57512564）

前　言

转变经济发展方式、推动产业结构优化升级越来越成为关系我国发展全局的战略抉择。如何顺利实现中国产业结构的转型升级，推动经济发展方式的转变提升，变得越来越重要且迫切。伴随着中国对外直接投资的迅猛发展，对外直接投资能否成为提升国内产业结构升级的重要路径、两者之间将如何互动这两个问题得到了越来越多的关注与讨论。然而在现有关于产业结构升级的研究中，当我们将视角集中于对外直接投资与母国产业结构转型升级问题上时，却发现相关文献比较少。已有研究多集中于在理论层面上探讨对外直接投资对母国产业结构转型升级的作用机制，也有学者试图借助实证模型检验对外直接投资通过贸易、技术逆向溢出、人力资本积累等途径对母国产业结构升级的具体作用效果。总体来说，由于受限于概念界定的差异、理论分布的零散以及中国对外直接投资数据源不足的现实，中国对外直接投资与国内产业结构转型升级关系的研究仍存在不少亟待解决的问题，尤其是在产业结构的测度、对外直接投资对母国产业结构升级的传导路径和两者的内外联动关系问题上仍缺乏系统和深入的分析。在当前中国已成为净对外直接投资国家的现实背景下，研究中国对外直接投资与国内产业结构升级的互动关系、作用路径与影响效果正当其时，具有十分重要的理论意义与现实价值。

首先，探究、梳理与总结对外直接投资与母国产业结构升级互动关系的相关理论具有重要理论价值。一方面，发轫于发达国家的对外直接投资理论虽历经几十年的发展已相对成熟，但现有理论并未就对外直接投资与母国产业结构升级的互动关系进行直接、系统的探讨，且研究的关注重点更多地放在对投资母国和企业自身优势的分析、对引致投资因素的探讨以及对投资东道国影响的检验等内容上，这意味着对外直接投资与母国产业结构升级关系的理论体系并不完善。另一方面，随着经济全球化背景下发展中国家对外直接投资的迅速崛起，后起国家越来越不满足于接受建立在由发达国家主导的、以要素禀赋为基础的国际分工以及梯度式的国际产业转移上带来的经济增长与产业结构缓慢升级，而希望结合自身国情，通过对外直接投资主动借助国际资源加快经济增长和产业结构升级的步伐。发展中国家的这种诉求与努力亟待理论指导。系统梳理与全面解析对外直接投资与母国产业结构升级的理论基础不仅是对现有对外直接投资理论的有益补充，也有助于为后起发展中国家更好地利用对外直接投资实现国内产业结构升级提供理论指导。

其次，本书结合中国国情，通过系统梳理中国对外直接投资与国内产业结构升级互动的影响路径，测度对外直接投资与国内产业结构升级的时空关联，实证检验中国对外直接投资对国内产业结构升级的作用效果和空间溢出效应，以全面深入揭示中国对外直接投资的国内产业结构升级机制与效应。在此基础上，进一步考察中国产业结构调整升级对中国对外直接投资发展的影响路径与效果，试图更好地把握中国国内产业结构与对外直接投资的联动关系。这一探索不仅有助于正确认识中国对外直接投资的发展现状与发展潜力，为处于新常态发展阶段的中国顺利实现产业结构升级提供更多的选择路径，而且将为中国未来产业政策和投资政策的制定与调整提供更多视角和依据。

最后，产业结构升级作为经济增长的主要内容一直是包括中国在内的发展中国家关注的重点，如何更好地实现国内产业结构水平提升是中国和其他发展中国家努力的方向。本书就对外直接投资与母国产业结构升级互动关系的理论梳理以及以中国为样本进行的实证分析还将有助于为其他同处相似发展阶段的发展中国家结合自身实际，客观认识对外直接投资的作用，灵活运用多种手段，顺利实现产业结构升级提供参考与借鉴。

因此，本书立足于现有研究，一方面将系统梳理并总结完善对外直接投资与母国产业结构升级互动影响的理论脉络，揭示两者之间复杂的、深层次的理论关系和变动规律；另一方面将使用多种研究方法，多维度考察中国对外直接投资与产业结构升级的互动影响与具体作用效果，为中国“走出去”

战略和产业结构升级的路径选择提供相应的政策建议。具体来看，本书共分为八章。

第一章为绪论。首先，介绍本书的研究背景，强调本研究的迫切性和重要性，在此基础上进一步厘清本书的主要研究内容，划定研究范围；其次，明确界定本书中涉及的两个基本概念——对外直接投资与产业结构升级的内涵，为下文对两者关系的理论与实证分析打下坚实的基础。

第二章为理论与机制研究。首先，在有效融合基于发达国家对外直接投资实践的经典投资理论与基于发展中国家实践的投资和产业变迁理论的基础上，构建对外直接投资与母国产业结构升级的理论基础；其次，结合当前对外直接投资与产业结构升级研究的最新进展，进一步丰富对外直接投资与母国产业结构升级的文献述评；最后，从对外直接投资对国内产业结构升级的作用机制与母国产业结构状况对本国对外直接投资发展的反馈机制及其两者的联动机制层面详细分析对外直接投资与母国产业结构升级关系的内在机制，为研究中国对外直接投资与国内产业结构升级的互动关系提供理论支撑。

第三章为中国对外直接投资发展与国内产业结构变迁。梳理并总结了中国对外直接投资与国内产业结构升级的运行阶段、运行态势与主要特征，并结合中国国内经济运行实际与当前世界经济发展态势所带来的中国对外直接投资与产业结构升级的独特属性，进一步探讨中国对外直接投资与国内产业发展的独特性。

第四章为中国对外直接投资与国内产业结构升级的一般关联。借助灰色关联分析和灰色关联度的测度方法依次检验中国对外直接投资与国内产业结构升级的阶段关联和空间关联特征，进而从统计学的角度对中国对外直接投资与国内产业结构升级的宏观互动关系展开立体式、动态化、全方位的解读。

第五章至第七章为本书的实证检验部分。

第五章为中国对外直接投资对国内产业结构升级的作用效果检验。将产业结构升级细化为产业合理化与高度化两个层面，通过构建省际面板数据模型，在充分考虑变量自回归与内生性问题的基础上，利用系统GMM的计量方法考察了中国对外直接投资对省际产业结构合理化与产业结构高度化的总体影响和区域差异，并在现有模型基础上引入空间距离权重项，以揭示中国对外直接投资对产业结构升级的空间溢出效应，还进一步考察了中国对外直接投资对产业结构清洁性的影响。

第六章为不同投资动机对外直接投资对国内产业结构升级的影响。检验了不同投资动机对外直接投资对国内产业结构升级的作用效果。首先借助Probit模型，结合中国对外直接投资的东道国信息，对基于投资动机分类的资源寻求型、市场寻求型、效率寻求型和战略性资产寻求型对外直接投资进行依次识别；其次利用国家层面数据，通过构建四个回归模型分别检验不同动机对外直接投资对国内产业结构升级的作用。

第七章为产业结构水平对中国对外直接投资的作用。考察了产业结构水平对中国对外直接投资的作用路径与内在机制，并利用中国对外直接投资和产业结构合理化与高度化指标数据，使用动态面板模型的计量方法，在充分考虑内生性等问题的基础上，对产业结构变迁对中国对外直接投资规模与行业结构分布的影响进行了一一检验。

第八章为促进中国对外直接投资与国内产业结构升级良性互动的政策建议。回顾总结全书，从制度机制层面提出促进中国对外直接投资与国内产业结构升级良性互动的相应对策建议。

本书是国家社会科学基金项目“中国对外直接投资与国内产业结构转型升级的内外联动机制研究”（项目批准号：13BJY082）的最终成果。在进行系统研究与本书写作过程中，笔者得到了西南财经大学国际商学院邓敏教授、北方民族大学经济学院王瑛教授、四川农业大学经济学院宋涛博士和许多专家的帮助与指导。本书的出版得到西南民族大学经济学院和发展规划处的大力支持。中国经济出版社的责任编辑王帅老师为本书的出版付出了辛勤的劳动，在此一并表示衷心的感谢！尽管笔者做了大量的工作，努力做到尽可能的完善，但书中错误与不足之处在所难免，恳请各位同人和广大读者批评指正。

尹忠明

2021年8月

目　录

第一章　绪　论

自1978年实施改革开放以来，中国逐步融入了世界经济。在这恢宏的40多年历程中，中国国内市场不断开放、制度不断完善、经济快速发展且产业结构优化明显。2018年中国人均国内生产总值（GDP）达到了9780美元（按照全年人民币与美元的平均汇率进行换算，即6.6174元人民币兑换1美元），根据世界银行的划分标准，中国已经从低收入国家步入中等收入国家行列、从封闭落后的农业国家发展成为开放度更高的工业化大国，这堪称“中国奇迹”。但在取得经济增长奇迹的同时，中国多年来高速发展的后遗症也开始显现，并逐渐成为阻碍中国经济进一步持续健康增长的重要因素：以低成本生产要素为依托，以牺牲劳动者的福利和破坏生态环境为代价的增长模式难以为继；与此同时，依赖于投资与外需拉动的外向型经济发展模式已经明显动力不足；面临国际竞争加剧的同时国内发展失衡，在双重影响下中国面临的挑战日益严峻。特别是在2008年国际金融危机爆发以后，随着外部环境不断恶化和国际经济持续萎靡，国内经济进入一个新阶段，一个增速放缓、转型升级、结构亟须优化、增长质量亟待提升的“新常态”发展阶段。与此同时，新一代信息技术革命正在引发影响深远的产业变革，并孕育形成新的生产方式、产业形态、商业模式和经济增长点，导致全球产业竞争格局发生重大调整，我国在新一轮发展中面临发达国家和其他发展中国家产业发展“双向挤压”的严峻挑战，转变经济发展方式刻不容缓。这些挑战无疑是巨大的，已有不少发展中经济体在人均收入到达中等水平后，难以顺利实现发展战略与发展方式的转变，从而跌入“中等收入陷阱”。不管从哪个层面来看，促进国内经济发展方式的顺利转型已成为摆在中国面前的一大任务。党的十八大报告将解决制约经济持续健康发展的重大结构性问题作为中国转变经济发展方式的主攻方向。2015年，国务院印发《中国制造2025》，进一步部署全面推进制造强国战略。随后，中共十八届五中全会上通过的《中共中央关于制定国民经济和社会发展第十三个五年规划纲要》更是全面地阐释了中国产业建立新体系的措施方法。产业结构转型升级，作为中国结构性问题的重中之重和经济发展方式转型的核心内容，是当前亟待深入研究的关键领域。

第一节　研究背景

从党的十五届五中全会上第一次正式提出产业结构升级至今，学界和政界对国内产业结构如何得到优化问题的关注与探讨从未停止过。改革开放40多年来，中国的产业结构状况在波动中明显改善。其中，第一产业占国内生产总值的比重从改革开放初期的30%以上下降到2000年的14.7%，并在2017年进一步下降到7.9%；第一产业吸纳的劳动力比重更是从改革开放初期的70%下降到2000年的50%，并在2017年降至27%。改革开放政策释放的市场力量，在不断提升农业部门劳动生产率的同时，促使大量劳动力从农业部门向工业与服务业部门流动，推动了第二、第三产业的快速扩张，也促进了国内产业结构变迁。产业结构变迁所体现的市场化力量对中国经济发展的推动作用是显著的，它在改革开放初期的表现尤为明显[①]，但伴随着市场化程度的提高，中国国内产业结构升级的速度显著下降，与此同时，产业结构升级的基本条件与外部环境均发生明显改变，原有动力机制弱化，但新的动力机制还未形成，从而使新时期中国国内产业结构转型升级呈现新的特征。

---

① 刘伟，张辉. 中国经济增长中的产业结构变迁与技术进步 [J]. 经济研究，2008（11）：4–15.

一、劳动力增速减缓，劳动力工资水平不断提高

改革开放40多年来，受计划生育国策与经济增长效应的双重影响，中国的人口增长速度在波动中呈显著下降趋势。其中，在改革开放最初的10年，中国人口年均增长率约为1.444%，这一数值在20世纪90年代下降到了1.104%。进入21世纪以后，中国人口的增长速度进一步减缓，其年均增长率在21世纪的前10年迅速跌至0.593%，而在2010—2017年仅为0.516%。由此可见，中国国内的人口增长速度在近年来快速下降。与之相对应，国内劳动力供给规模的增长速度也明显降低。2017年中国就业人口为8.069亿人，7年内（2010—2017年）年均增长率仅为0.414%。根据齐明珠[①]的预测，中国将会在近期出现劳动力的需求与供给关系的反转，劳动力不足的问题将越发明显。随后有大量学者对此进行了研究，他们使用了多种不同的方法进行预测，虽研究结果略有不同，但国内劳动力开始由无限供给向有限剩余转变，人口老龄化和劳动力供给下降已成为不争的事实[②③]。自1997年以来，中国制造业的劳动者的年平均工资水平长期处于高速增长阶段，年均增长率高达10%以上，特别是在2017年时甚至达到64465.0元。从城镇非私营单位就业人员的平均年工资来看，2018年这一数值已达到了82461.0元，相比2010年（47269.9元）增长了74.45%。考虑到工资的刚性特征，中国劳动力的工资水平在很长一段时间的不断上涨将会成为另一个"新常态"。电、水和工业用地的价格变动更是加剧了这种上涨态势，因此，处于低端地位的劳动密集型产业开始逐渐丧失其在竞争中的比较优势。这意味着，曾推动中国经济与产业高速发展的重要基础条件之一——低价的生产要素资源优势不断削弱，而与之相关的经济增长方式与产业发展模式亟待改变。

---

① 齐明珠. 我国2010—2050年劳动力供给与需求预测[J]. 人口研究，2010（5）：76-87.

② 王德文，蔡昉，高文书. 全球化与中国国内劳动力流动：新趋势与政策含义[J]. 开放导报，2005（4）：3-18.

③ 蔡昉. 刘易斯转折点——中国经济发展新阶段[M]. 北京：社会科学文献出版社，2008.

二、国内资源环境限制趋紧，发展面临的硬约束增强

一方面，40多年来中国经济一直呈粗放式增长，虽然创造了“中国奇迹”，但不可忽视的是，在这一过程中也消耗了大量的资源，造成国内资源相对短缺，半数以上资源依赖进口，石油、铀、铜、镍、钴、铬、铂族等战略性矿产资源的对外进口依赖度甚至高达70.0%以上。另一方面，大量矿产资源的消耗带来了环境污染和生态破坏等难题。根据世界银行的一份研究报告，中国已成为世界上最大的二氧化硫和二氧化碳排放国，全球污染最严重的20个城市中有16个在中国；中国有58%的城市年平均PM10（直径10微米以下的可吸入颗粒物）浓度甚至超过了100微克/立方米，中国的7大水系中也有54%的水不再适合人类使用①。近年来，席卷大多数省份与城市，长时间持续、大范围含有大量污染物的雾霾天气频发，引发了社会各界的广泛关注与讨论。在这种背景下，环境污染治理成本迅速增加，根据《2009年中国经济环境核算报告》中的统计，2009年，因中国生态被破坏所造成的损失和环境退化所需的成本合计达到13916.2亿元，大约占了当年GDP的3.8%。然而，2010年中国在治理环境污染上的投资金额已达6654.2亿元，占了当年GDP的1.66%。这意味着，国内资源载荷的限制、战略性资源供给安全的考量以及社会各界环保意识的日益觉醒，均使粗放式增长模式及其现有产业发展方式不可能无限扩张，其面临的硬约束不断增强②。

三、中国融入世界经济的方式日益多元化，对外直接投资愈加重要

改革开放后，中国经济加快融入世界，过去在封闭与半封闭的条件下，国内的产业结构转型升级只能依靠自身或者仅仅是依靠较小范围内的周边国家的资源，随着对外贸易的不断发展，在开放条件下，我国的产业结构

① The World Bank，the State Environmental Protection Administration of China.Cost of Pollution in China: Economic Estimates of Physical Damages [R].Washington D.C.; the World Bank，2007.

② 刘瑞翔，安同良.资源环境约束下中国经济增长绩效变化趋势与因素分析——基于一种新型生产率指数构建与分解方法的研究[J].经济研究，2012（11）：34-47.

方式发生了改变，通过参与全球分工，依托国内资源发展的同时有效利用来自国际的资源，从而使我国内部产业结构水平得到提升。在这一趋势下，国内产业结构转型升级可利用的资源范围大大拓展，促进本国产业结构升级的渠道更为多样，外部经济对国内产业结构升级的影响不断加深。

在开放型经济中，国际贸易与国际投资均在连接国内经济与国际经济的进程中发挥着纽带的作用。令人高兴的是，自改革开放以来，中国在与其他国家的进出口贸易方面和引进外商来华进行直接投资方面均取得了不容忽视的成就。根据国家统计局的数据，从1980年（570元）到2017年（278101亿元），中国货物贸易的进出口总额的年平均增长率高达19.73%，这远远超过了同期世界其他国家货物贸易的增长率。中国作为一个在世界上有着举足轻重作用的贸易大国，对外贸易促进中国经济增长的同时也促进了产业结构优化的推动作用已被许多学者验证，然而，在中国国内要素条件发生变化、国外需求持续低迷、同亚洲的其他发展中国家的激烈竞争等因素的共同作用下，中国进出口贸易很难继续大幅地提升。除此之外，不合理的贸易结构也将进一步阻碍中国的对外贸易发展和升级国内产业结构。另外，从1991年以来，中国一直都是吸引外资最多的发展中国家之一，但是近年来，外商直接投资在中国经济中所占的比例却呈现出稳中趋降之势。中国对外贸易以及外商直接投资的上述发展趋势是伴随中国经济实力持续增强，经济发展由注重数量向注重质量转变过程中出现的正常现象；而另一个重要现象则是中国对外直接投资有了突飞猛进的发展。我们可以比较一下，从2001年不受关注的68.85亿美元，再到2017年中国对外直接投资流量高达1582.9亿美元，中国超越日本直接跃居世界第二位，值得注意的是，对外直接投资存量则在16年内（2002—2017年）增长了59.5倍，不仅如此，这种增长态势还将伴随着中国“一带一路”倡议的推进而进一步增强。更重要的是，相较于借助贸易引进高新技术产品和利用外资来取得跨国公司技术溢出的方式，中国对外直接投资可以在全世界范围内更直接、更主动地接近并获取先进技术、外部市场与能源资源，可以更有针对性地、更加有效地促进中国国内的产业结构水平进一步的发展[①]。由此可以看出，中国对外直接投资很可能会成为国内产业结构转型升级的新动力。

在当前国际、国内背景下，中国新时期的产业结构转型升级无疑具有新的特征，表现在三个方面：首先，产业结构转型升级的迫切性更高，转型方向更为明确。虽然对于具体产业、行业和企业来说，转型升级的重点有所不同，但实现产业结构逐步向劳动节约、环境友好、技术先进的目标迈进已成为大多数企业与行业的发展方向。其次，产业转型升级的路径选择更为多元。在开放环境下，企业进行产业结构升级的路径选择更加宽广，这一过程往往伴随着国内外多种资源要素的重组与整合，尤其是通过对外直接投资，国内企业与行业可以掌握更大的主动权，从而为企业实现转型升级提供更多的机会。最后，转型升级往往具有集群化特征。随着产业内与产业间分工的逐步细化，企业、行业与产业不同层面的转型升级往往会带动上下游和关联性企业、行业与产业的转型升级。这意味着新时期的产业结构升级更容易形成链状，甚至片状的产业结构水平提升形态。

第二节　主要研究内容

随着中国产业结构升级大背景的改变及其新特征的出现，新时期产业结构升级的实现路径研究成为当前学界与政界关注的重要话题。在开放经济中，产业结构升级的实现往往需要完成对国内外要素资源的整合，值得注意的是，目前，中国对外开放已进入“包括资金在内等要素双向流动并重、国内经济与外部经济互动复杂”的阶段[②]，其中中国对外直接投资的快速发展相当亮眼，到2015年中国已超过日本成为世界第二大资本输出国。因此，很自然的问题便是，作为整合国内外资源的一种重要形式，中国对外直接投

① 祁春凌，黄晓玲，樊瑛．技术寻求、对华技术出口限制与我国的对外直接投资动机[J]．国际贸易问题，2013（4）：115-122.

② 江小涓，杜玲．对外投资理论及其对中国的借鉴意义[J]．经济研究参考，2002（73）：32-44.

资将如何与国内产业结构变迁互动，中国对外直接投资能否成为促进国内产业结构升级的一种新动能，而国内产业结构的转型升级又将如何作用于中国对外直接投资的发展？这是本书的主要研究内容。

一、中国对外直接投资对国内产业结构升级的作用路径及效果

中国改革开放的过程便是中国经济不断融入世界经济的过程，中国对外开放的宽度与深度在一定程度上代表了中国融入世界经济的程度。对外直接投资的快速增长是中国经济发展到一定阶段、对外开放提升到一定程度的产物，是中国经济对外开放方式愈加多元化的一个证明。因此，随着对外直接投资的快速发展，它将如何促进中国国内产业结构转型升级，其作用机制和具体的作用效果又如何？这些问题现在得到了重视，然而，在理论与实证上还未得到充分的探讨。大量针对中国对外直接投资的研究也还未从国内外经济联动的层面上对上述问题予以深入的分析。基于此，本书首先在收集国内外对外直接投资与产业结构升级的经典书目和文献资料之后，对已有的产业经济学、国际贸易学和管理学等学科的经典理论和最新进展理论进行分类整理，试图厘清当前的研究现状，并构建本书的理论基础。在此基础上，运用多种计量经济学方法，分别考察并检验中国对外直接投资在国内的产业结构升级过程中发挥着怎样的作用影响，这种作用影响不仅包括中国对外直接投资对国内产业的影响尤其是高度化与合理化方面，还有对外直接投资的空间溢出效应及其影响、中国对外直接投资的母国碳排放效应以及不同投资动机对外直接投资对国内产业结构升级的作用效果。在经济全球化的大背景下，如何通过对外直接投资以更有效地利用国际资源与国内条件实现趋利避害，带动国内产业结构的顺利优化升级是本书的一个重要维度。

二、国内产业结构升级对中国对外直接投资发展的反馈与影响

国内产业结构状况对本国对外直接投资的回应并不是简单被动式的。相反，母国产业结构的发展阶段和特征将在一定程度上影响本国对外直接投资的规模、动机、效果和可持续性。这也意味着，针对中国对外直接投资与国内产业结构转型升级的相互作用关系的研究总是离不开中国的国内产业结构

特征对本国对外直接投资的机制与效果的探讨。

因此，本书将研究重点放在了中国对外直接投资与国内产业结构升级的相互影响上，通过梳理对外直接投资与母国产业结构升级之间的关系理论基础和作用机制来探究促进对外直接投资母国产业结构升级效应作用的发挥以及母国产业结构升级作用于本国对外直接投资的可能路径与所需条件，结合中国国情与具体数据，实证检验不同路径的具体作用效果，进而根据回归结果再对成因进行分析。最后，在进行了全文理论分析与实证检验的基础上提出具有针对性的政策建议。

第三节　基本概念界定

在本书中，两个基本概念——对外直接投资和产业结构升级的内涵在当前学界并未形成统一认识，许多学者对这两个概念的界定进行了较多探索，虽然在不同国家和不同时期，两个概念的内涵有不同表达，但是为我们进一步有效深入解析和概念界定选择提供了重要基础和多个视角。

一、对外直接投资的内涵界定

（一）对外直接投资的内涵

国际资本流动的重要形式表现为国际投资。根据投资的性质和形式不同，国际投资可分为两类，分别是国际直接投资和国际间接投资。根据国际货币基金组织（IMF）给定的划分标准，国际直接投资是指在投资者以外的国家（经济区域）所经营的企业中拥有持续收益的一种投资，其目的在于获得关于该企业经营管理中的有效发言权。这其中的“有效发言权”在实质上是管理控制权，国际直接投资与国际间接投资区别开来的关键就是是否有该企业经营管理的有效发言权[①]。联合国贸易和发展会议（UNCTAD）也给出

① 赵春明，等. 跨国公司与国际直接投资（第2版）[M]. 北京：机械工业出版社，2012：4.

了与其相类似的定义，它强调国际直接投资是与投资者所在国（地区）以外的其他国（地区）的企业或分支机构之间建立长期的关系，投资的目的在于享有持久利益和控制权力。值得注意的是，在目前的学术研究和实际工作中对“有效控制权”的认定和处置均未形成一个统一的标准。但是，IMF提出了三种标准可用于判断“有效控制权”：其一，在国外投资企业中，有表决权的股本，投资国的居民所持有股本占到50%或50%以上；其二，在国外投资企业有表决权的股本中，母国的单独一个居民或者是有组织的集团所持有股本占到25%或25%以上；其三，在所投资的国外企业中，其董事会中有投资母国的居民集团作为代表。与IMF的三种标准相比，美国商务部对“有效控制权”的认定标准略低一些，例如，它认为外国公司若有超过20%的股份被有组织的美国人持有，或10%以上被单个美国人（法人）所持有，这样的投资也可以被认定为对外直接投资。每个国家的标准都不尽相同，例如，日本将有效控制权的参考投资比例的最低标准规定为25%，法国规定为1/3，而中国则规定为10%。值得注意的是，在具体实践中，对外直接投资的准确界定并不是如此的简单明了，因为在某一情况下拥有10%的股份就能够获得有效控制权，而另一种情况则是即使拥有很多甚至是49%的股份，也并不一定获得有效控制权①。因此，对国际直接投资的认定还是需要参考多项关联指标共同做出判断，一般来说，包括派遣董事、缔结合同、是否与被投资企业建立了永久经济关系之类的情况。

接受国际直接投资的国家被称为东道国（地区），国际直接投资的流出国则称为母国或投资国。随着国际直接投资的快速发展，资本双向流动已然成了当前绝大多数国家的一种常态，在共同拥有东道国（地区）和母国身份的国家中，根据资本流动的方向对国际直接投资再次进行区分是很有必要的。根据UNCTAD《国际投资报告》的规定，对于某一特定的国家而言，当外国的资本流入本国则称为外国直接投资（Foreign Direct Investment，FDI），然而当资本从目标国家流出去则称为对外直接投资（Outward Foreign Direct Investment，OFDI）。在本书中，注重关注中国的对外直接投资。根据中国对外直接投资统计公报所给出的定义，我们可以知道，中国对外直接投资可以

① 小岛清.对外贸易论[M].天津：南开大学出版社，1987：421.

理解为中国国内的企业、组织或其他投资者通过实物资本、货币资金、无形资产等方式在我国港澳台地区或者其他国家设立、购买国（境）外企业，持有该企业10%或以上的股权，并且以掌控企业的经营管理权为工作重点的经济活动。本书所提及的中国对外直接投资的内容全部按照这一定义。

（二）对外直接投资的投资动机

对外直接投资内部存在显著的异质性，其中最常见的异质性来源于对外直接投资的投资动机。斯蒂芬·海默（S.H.Hymer）很早就对为什么进行对外直接投资问题进行了探讨，由他提出的垄断优势理论认为企业对外投资是产生于规模经济优势基础上的，是为了借助自身的垄断优势来扩大市场的行为。这是关于市场寻求型的对外直接投资动机的最初论述。[①] 雷蒙德·弗农（R.Vernon）则提出，当企业处于产品标准化阶段时，对外直接投资是为了摆脱国内成本不断上升、竞争力还下降的艰难困境，由此，他提出了是为了降低生产成本才进行对外直接投资的投资类别。[②] 小岛清（K.Kojima）依据日本对外直接投资的实际发展情况，联合其边际扩张理论将对外直接投资的投资原因归纳为市场寻求型、自然资源寻求型以及生产要素寻求型，进一步完备了关于对外直接投资动机的探索。约翰·邓宁（J.H.Dunning）[③] 在已有研究的基础上指出，当处于不同行业和不同生产类型的企业时，它们的对外直接投资的动机也是不同的，他将这些动机又分别归纳为效率寻求型、资源寻求型和市场寻求型。随着实践的逐渐发展，他在后来的研究中又加入了战略性资产寻求型，从此便形成了比较完整的对外直接投资动机分类，且成为目前关于对外直接投资的研究中使用最广泛的分类方法。具体而言，资源寻求型对外直接投资大体上是指以获得来自东道国（地区）的自然资源（包括矿产资源和能源等）为最主要目的的对外直

---

① Hymer S H.The international operations of national firms: A study of direct foreign investment [M]. Cambridge，Massachusetts: MIT Press，1976.

② Vernon R. International investment and international trade in the product cycle [J]. Quarterly Journal of Economics，1966（5）：190–207.

③ Dunning J H. The eclectic paradigm of international production: A restatement and some possible extension [J]. Journal of Business Studies，1988，19（1）：1–31.

接投资；市场寻求型对外直接投资是指把以打入东道国（地区）市场、保持和提高企业在东道国（地区）所占据的市场份额作为目的的对外直接投资，这是企业国际化进程中最常有的一种对外直接投资形式。相比之下，效率寻求型对外直接投资则是以获得国外价格低的生产要素，从而达到降低生产、销售和运输成本的目的的对外直接投资类型。这一类型的对外直接投资既有源于对国内劳动力、土地等要素成本上升而削减企业竞争力威胁的被动反应，又有为实现自身更高生产效率和追求更大利润而进行的主动战略调整；战略性资产寻求型对外直接投资则多是出于培育或巩固企业长期竞争优势和垄断优势，以获得东道国（地区）有形的物质资产和无形的技术、商标、组织能力与制度文化等创造性资产为目的的投资形式。本书有关对外直接投资的动机分类也参考了上述方法。

二、产业结构升级的内涵解读

（一）产业结构与产业结构变迁

产业结构问题很早以前便开始得到关注，英国经济学家威廉·配第（W. Petty）在研究分析英国船员和农民之间的收入差异后得出结论：伴随着经济的不断繁荣，不同产业间的收入差异化将会推动产业中心逐渐从原来有形财产的生产转为无形的服务生产，劳动力出现从农业部门向工业部门再向商业部门流动的局面。[①]然而现代产业结构理论的初步成形也不过是最近一百来年的事情。20 世纪 30 年代，来自新西兰的经济学家费希尔（A.B. Fischer）提出“第三产业”的概念，在对国民经济产业结构进行划分时，将这一新概念与“第一产业”和“第二产业”联合使用，同时正式提出了区别三次产业的划分方法[②]。这种方法从20世纪50年代起便渐渐成了世界上各个国家研究产业结构变动的主要根据。相较于产业结构，产业结构升级的确切内容更加复杂，甚至直到现在学术研究中仍未达成共识。

在产业结构划分“三分法”的框架结构里，处于早期的研究归纳总结

① 威廉·配第.政治算数[M].马妍，译.北京：中国社会科学出版社，2010.

② 曹曼，叶文虎.产业体系划分的理论探讨[J].经济学动态，2004（6）：20–23.

了在产业结构转变过程中的一些基本规律，这些规律也经常被看作产业结构优化的重要依据。正如科林·克拉克（C.G. Clark）通过对20多个国家和地区各部门劳动投入与产出的统计分析发现：伴随着国民收入的提高和产业中心的移动，就业结构的中心也将逐渐从第一产业向第二产业然后再向服务性产业移动。[①]这一结论又被称为配第一克拉克定律。在之后，西蒙·库兹涅茨（S. Kuznets）对每个国家的国民收入和劳动力在产业间的分布情况变化再进一步分析后，在1971年提出了库兹涅茨法则：随着时间的推移，农业部门收入在国民经济总收入中所占的比重和农业劳动力占据全部劳动力的比例都呈现出不断下降之势；工业部门劳动者收入所占份额在大体上升的同时，工业劳动力占全部劳动力的比重大体不变或略微有所上升；与此同时，服务部门的劳动力所占份额基本都在上升，但服务部门收入占国民收入的比例却并未同劳动力所占比例同步上升，而是呈现出大体不变或略微上升的格局。[②]总体来看，上述研究多是基于简单统计描述形成的对产业结构变迁的基本规律和表象特征的认识。产业结构理论研究在构建理论和探索机制多方面的明显进展多发生在第二次世界大战后。阿瑟·刘易斯（W.A. Lewis）通过建立二元结构模型将农业部门和现代部门之间的结构转换过程相互联系起来。在他看来，处于经济发展过程中的结构变迁是由于趋利的现代部门的扩张所带动的，现代部门扩张的过程也是传统的部门萎缩并逐步实现现代化的过程。在这一过程中，绝大多数发展中国家的产业和就业结构首先由“一、二、三”转变为“二、三、一”，接着又转变为“三、二、一”。[③]华尔特·惠特曼·罗斯托（W.W. Rostow）根据技术标准将经济增长划分为六个阶段，他认为，一国理应选择一个或多个具有扩散效应的部门作为国家的主导产业部门，然后再将主导产业的产业优势传送到其他相关产业当中去，带动和激发其他产业部门的共同发展。罗斯托还特别指出，产业结构的调整优化是经济社会的发展从一个阶段进入另一

① Clark C.G. The condition of economic progress [M]. London: Macmillan，1940.

② Kuznets S. Economic growth of nations: Total output and production structure [M]. Cambridge: The Belknap Press of Harvard University Press，1971.

③ Lewis W A. Economic development with unlimited supplies of labor [J]. Manchester School of Economic and Social Studies，1954（5）：139-191.

个阶段的关键所在，并首次从宏观产业演进的视觉确切提出了产业结构优化升级的定义，即产业结构由以低级（阶段）产业为主向高级（阶段）产业推进的过程。[①] 随后，霍落斯·钱纳里（H.B.Chenery）重点探讨了制造业内部的产业结构优化升级，他依据人均国内生产总值，将从不发达经济走到成熟工业经济的整个过程划分为三个阶段共六个时期，特别指出经济体在每一个阶段想要向更高的发展阶段跃升都离不开产业结构转换的推动作用。[②③]

（二）产业结构升级的内涵及拓展

通过对产业结构变迁的规律进行总结，三大产业就业和收入所占比例的变动情况成了衡量产业结构升级并且重要的多种指标之一，即产业结构升级主要是指经济体中的主体产业渐渐由第一产业向第二、第三产业转变，就业人口也渐渐从第一产业向第二、第三产业流动，从指标上可以反映为第二、第三产业产值和就业比例的提高。这样一个从宏观层面上来对产业结构升级进行定义的方法简单明了，对从总体上掌握一国或地区的产业发展趋势很有帮助，在学术研究中也得到了很广泛的应用。但这种定义方法也存在明显缺陷，主要体现在两个方面：一是这种衡量方法太过宏观，很可能会掩盖产业内部由于技术进步和产业分工细化等作用从而带来产业内结构调整和优化升级这一事实。波特（Porter）指出，产业结构升级是可以通过产业内部各个企业的要素转移来进行的。具体来看，资本和技术密集型部门更有机会在产业内要素流动过程中获得十分丰富的资源，并且借助资源优势来获得竞争优势，进而可以获得更大的利润优势以带动整个产业的成长和进步。[④] 由此我们可以了解到，这一观点与以要素比较优势为基础的动态变化理论是一致

---

① Rostow W W. Politics and the stages of growth [M]. Cambridge: Cambridge University Press，1971.

② 霍落斯·钱纳里.工业化和经济增长的比较研究 [M]. 吴奇，等，译. 上海：上海三联书店，1988.

③ 霍落斯·钱纳里.结构变化与发展政策 [M]. 朱东海，黄钟，译. 北京：经济科学出版社，1991.

④ 迈克尔·波特. 国家竞争优势 [M]. 李明轩，邱如美，译. 北京：中信出版社，2012.

的，将产业结构升级的内涵推入一个更加看重技术进步和产业内结构升级的层面[①]。二是随着全球化的推进和国际生产网络的建立，从原来以产品分工为基础的贸易模式渐渐向以中间品贸易和价值链分工、生产环节为主的模式转变（WTO，2011；Koopman et al.，2014[②]）。对产业结构升级的广泛认识和关注重点在开放经济条件下渐渐开始深入到价值链层面，这也是在上述宏观指标中无法揭示的重要趋势之一。因此，产业结构升级的内涵需要进行进一步的拓展。

隆国强凭借经典的“微笑曲线”理论提出了发展中国家产业结构升级的三个不同方向：从劳动密集型产业转向资本和技术密集型产业、从劳动密集的价值环节向技术与资本密集的价值环节发展与向信息和管理密集的价值环节挺进。[③]这与Humphrey和Schmitz概括的“价值链间升级”和“功能升级”是很一致的。[④]姚枝仲在现有研究的基础上进一步地将产业结构优化升级划分为三种形态：一是主体产业从第一产业向第二、第三产业的顺次转移；二是工业部门内部的产业变动，可以说是从以劳动密集型行业为主的形态向以技术和资本密集型行业为主的形态逐次发展；三是企业或产品生产过程中参与的价值链升级。[⑤]江小涓进一步分析了互联网技术发展应用对产业结构升级尤其是服务业发展的影响[⑥]；郭克莎则基于工业产能过剩、新兴产业发展、制造业的地位和作用以及服务业结构优化等中国经济发展中的重大问题，进一步提出了我国“十四五”时期产业结构调整升级的政策路径[⑦]。由此可见，

① 朱卫平，陈林.产业升级的内涵与模式研究——以广东产业升级为例[J].经济学家，2011（2）：385-392.

② Koopman R，Wang Z，Wei S J. Tracing value-added and double counting in gross export[J]. American Economic Review，2014，104（2）：459-494.

③ 隆国强.全球化背景下的产业升级新战略——基于全球生产价值链的分析[J].国际贸易，2007（7）：29-36.

④ Humphrey J，Schmitz H. How does insertion in global value chains affect upgrading in dustrial dusters?[J]. Regional Studies，2002，36（9）：1017-1027.

⑤ 姚枝仲.国际投资与产业升级的动态学[J].东南大学学报（哲学社会科学版），2011（6）：5-8.

⑥ 江小涓.高度联通社会中的资源重组与服务业增长[J].经济研究，2017（3）：6-19.

⑦ 郭克莎.中国产业结构调整升级趋势与“十四五”时期政策思路[J].中国工业经济，2019（7）：24-41.

产业结构优化升级有多层次、动态化的丰富内涵。基于这一现实，在本书研究中，产业结构升级的内涵也将覆盖上述提到的三个层面，并实现囊括宏观和微观角度对产业结构升级的层层内涵进行剖析。

第四节 本章小结

首先，本章从劳动力、资源要素以及经济全球化等方面详细描述了我国对外直接投资及产业结构转型升级所面对的国际、国内环境，以明确本书报告开展的背景，强调本研究的迫切性和重要性。当前，受计划生育国策与经济增长效应的双重影响，我国面临着劳动力增速减缓，劳动力工资水平不断上升，人口红利拐点将至的局面。同时，由于前期经济发展的消耗，国内自然资源及生产要素均面对相对短缺的局势，未来经济发展面临的硬约束逐渐增强。为此，通过对外直接投资获取资源、技术等要素已成为各国争抢的无硝烟战场。随着经济全球化进程的深化，世界经济的方式也日益多元化，各国对外直接投资愈加激烈。其次，本章进一步阐述了报告的主要研究内容，划定研究范围，主要包括两个方面：一方面是中国对外直接投资对国内产业结构升级的作用路径与效果，另一方面是国内产业结构升级对中国对外直接投资发展的反馈及影响。最后，对本书所涉及的基本概念进行了相应界定，以明确其概念的内涵与外延，为后续研究做好铺垫。

第二章 理论与机制研究

20世纪60年代以来，世界对外直接投资高速发展，这一现象被看作二战后“最值得被重视的经济现象”。把跨国公司当作主体的对外直接投资急速成为学界中的重要研究话题之一，并且萌生了许多对外直接投资理论。然而，在80年代以前，“对外直接投资”基本上是发达国家的代名词，可想而知，在这一时期主要的对外直接投资理论也大多是围绕着发达国家的对外直接投资实践展开的。80年代以来，正是因为发展中国家对外直接投资也在不断地发展，根据发展中国家的对外直接实践的理论与实证研究才逐渐增多。本章将重点梳理发达国家与发展中国家对外直接投资与母国产业结构升级的理论基础、最新进步和内在机制。

第一节 对外直接投资与母国产业结构升级的理论基础

现有关于对外直接投资与母国产业结构升级关系的诸多理论，大多是基于发达国家和发展中国家的对外直接投资实践总结出来的，其涉及经济学、管理学和产业经济学等多个学科。此处需要说明的是，这些理论大多论述了对外直接投资的动因，即回答企业为什么进行对外直接投资的问题，但在这一过程中仍从不同视角，以直接或间接的方式分析了一国的对外直接投资行为可能给母国产业结构升级带来的影响，为进一步探寻对外直接投资与母国产业结构升级间的互动关系提供了较好的理论基础。

一、基于发达国家对外直接投资实践的经典投资理论

（一）垄断优势理论

垄断优势理论开启了研究对外直接投资理论的序幕，是最早从理论上试图回答企业对外直接投资动因的独立理论。这一理论由斯蒂芬·海默（S.H.Hymer，1960）正式提出。在海默的博士学位论文《国内企业的国际经营——关于对外直接投资的研究》中，他通过观察国内企业与跨国公司的行为，试图回答为什么有的企业仅仅在国内经营，而有些企业则通过一定规模的发展进行跨国扩张。基于美国1914—1956年的对外直接投资数据，海默通过系统分析发现，结构性市场不完全条件下企业所获得的各种“垄断优势”是企业跨越国界进行对外直接投资的关键因素。即在海默看来，企业的对外直接投资行为实质上是在国内市场中具有一定寡头垄断优势的企业利用其获得的垄断优势对不完全国际市场进行掌控的一种方式。

在此基础上，海默的导师查尔斯·金德尔伯格（C.P.Kindleberger）[①]对垄断优势理论进行了拓展，进一步明确了市场不完全的内涵及类型，指出市场不完全主要体现在：产品市场不完全、要素市场不完全、规模经济和政策措施导致的市场不完全等。而且不同类型的市场不完全给企业所带来的垄断优势并不相同，如市场垄断优势、生产垄断优势、规模经济优势等，从而完善了垄断优势理论，从微观企业视角解释了对外直接投资行为发生的原因，这既包括对利用自身垄断优势进行市场扩张的横向对外直接投资行为的解释，又包括进行纵向对外直接投资以巩固自身垄断优势行为的解释。从母国角度来看，虽然这一理论未直接涉及对外直接投资与母国产业结构升级的关系，但本国企业借助对外直接投资进行国际市场扩张的过程，无疑会给母国产业经济发展带来积极影响。

（二）产品生命周期理论

产品生命周期理论是雷蒙德·弗农（R.Vernon）在1966年正式提出的。这一理论主要是基于美国企业对外直接投资和贸易实践，用以解释美国企业

① Kindleberger C P. American business abroad [M]. New Haven：Yale University Press，1969.

在二战以后的国际市场扩张过程中进行对外直接投资和国际贸易的基本规律。根据产品生命周期理论，产品同人的生命一样，其在市场上的营销生命会经历形成、成长、成熟、衰退的周期。从发展阶段上看，主要涵盖了创新期、成熟期和标准化时期三个阶段。①每个阶段中产品的特点、需求状况和市场地位均有明显差异，从而其具体使用的市场策略也明显不同（见图2–1）。

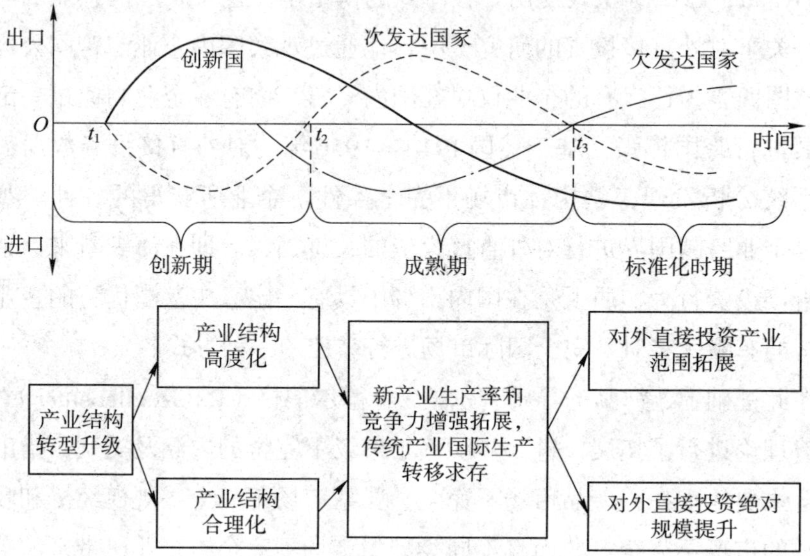

图 2–1　产品生命周期理论示意图

资料来源：笔者绘制。

第一阶段：创新期，产品处于形成、开发与投产的初始阶段。这一时期，产品由于需要投入较高的研发成本，因此生产成本较高，需求价格弹性相对较低。此时，新产品的产量虽然较低，但可以通过掌握产品的垄断技术工艺而在国内获得垄断利润，并通过少量出口进入有需求的次发达国家市场。因此，在这一阶段，企业主要进行国内生产与少量出口，而不需要进行对外直接投资。

第二阶段：成熟期，产品的生产技术与工艺开始变得成熟，产品的生产成本不断下降，而需求价格弹性显著上升。此时，国内与国外的市场需求大量

① Vernon R. International investment and international trade in the product cycle [J]. Quarterly Journal of Economics，1966（5）：190–207.

增加，其带来的规模经济效应开始凸显，增长的利润又将带动创新国、次发达国家甚至欠发达国家的生产者不断进入，生产成本的竞争有所加剧。在这一阶段，创新国企业在进行国内生产与出口的同时，开始衡量出口与对外直接投资的利益得失，当进行对外直接投资更有利可图时，创新国企业将会选择到国外投资设厂，以降低产品生产成本，增强竞争力。

第三阶段：标准化时期，产品生产技术的门槛已经很低，达到完全标准化，此时市场竞争的关键在于生产成本、产品价格的高低。此时，创新国已经失去比较优势，而且为了获得更低的生产成本，越来越多的企业会选择将标准化的技术、工艺转移到更具成本优势的欠发达国家，对外直接投资成为产品标准化时期创新国与次发达国家企业的一个重要选择，而欠发达国家则成为重要的产品生产地，并通过国际贸易等方式向创新国和次发达国家市场进行出口。进一步地，当这项技术已无利可图的时候，创新国企业将会通过技术许可的方式向欠发达国家企业进行转让。

产品生命周期理论完整地刻画了一项新产品从出现到标准化阶段，随着产品技术与营销生命周期的变化，产品创新国进行国内生产、出口、对外直接投资的整个动态演进过程。根据这一理论可以得出，充分利用本国的垄断优势降低成本、提升生产效率并更大程度地占据市场是发达国家进行对外直接投资的重要动因，较好地揭示了市场寻求型对外直接投资和效率寻求型对外直接投资的行为逻辑。而立足于母国视角来看，国内企业立足于市场环境所进行的市场寻求型对外直接投资和效率寻求型对外直接投资，在提升市场竞争力、增加企业利润的同时，很可能对母国经济发展与产业发展产生正向影响。

（三）内部化理论

对于企业为什么选择对外直接投资而非出口或者技术转让，学者们进行了一系列探讨。到20世纪70年代，巴克利（P.J. Buckley）和卡森（M.C.Casson）正式提出了内部化理论①，经Rugman②的进一步发展完善，这一理论成为目前解释

① Buckley P J，Casson M C.The future of the multinational enterprise [M]. London: Macmillan Press，1976.

② Rugman A M. Internalization as a general theory of foreign direct investment: A re-appraisal of the literature [J]. Review of World Economics，1980，116（2）：365-379.

企业对外直接投资行为最流行的理论之一。内部化理论是建立在美欧发达国家跨国公司实践的基础上，通过沿用科斯（R.H.Coase）的新厂商理论和市场不完全假设展开的。根据内部化理论，市场不完全的产生主要来源于市场机制与中间产品特性两者的不相适应。具体而言，即企业所拥有的科技和营销知识等中间产品无法通过外部市场进行交易或者进行外部交易的成本过高，从而难以实现企业的利润最大化目标。由此，企业的对外直接投资行为实质上可以看作企业用内部交易来代替外部市场交易，通过企业管理手段等方式来协调企业内部的资源配置与利益关系的有效方式，是企业在所有权基础上对企业管理与控制权的进一步扩张。这种内部化的处理方式不仅可以降低企业自身的交易费用，而且可以在一定程度上避免因市场不完全所导致的效率损失，通过将企业的竞争优势保留在企业内部，还将进一步增强企业的垄断优势。这对于母国来说有明显的积极意义。

（四）国际生产折衷理论

1977年，在融合垄断优势理论与内部化理论等的基础上，邓宁（J. H. Dunning）提出了一个更具综合性的、解释企业对外直接投资动因的理论——国际生产折衷理论，这一理论将企业国际化的三种主要表现形式出口、技术转让和对外直接投资有效融合在同一框架内，全面论述了企业对外直接投资的动机（见图2-2）。后经邓宁[①][②]的进一步阐释，这一理论成了目前研究对外直接投资中影响力最大的理论分析框架之一。

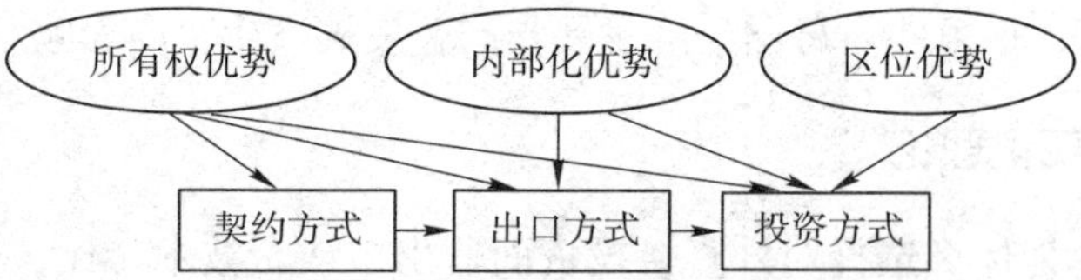

图 2-2 国际生产折衷理论示意图

资料来源：笔者绘制。

① Dunning J H. Explaining changing patterns of international production: An defence of the eclectic theory [J]. Oxford Bulletin of Economies and Statistics，1979（41）：269-295.

② Dunning J H. Explaining the international direct investment position of countries：Towards a dynamic or developmental approach [J]. Weltwirtshaftliches Archiv，1981，117（1）：30-64.

根据国际生产折衷理论，企业进行跨国经营是所有权优势（Ownership-specific Advantages）、内部化优势（Internalization-specific Advantages）和区位优势（Location- specific Advantages）共同作用的结果。所有权优势是指投资企业拥有而其他企业不一定具备的特定优势，如技术、管理、规模、组织以及市场销售等方面的优势。所有权优势是企业开展对外直接投资的必要条件之一。内部化优势是指企业为了避免市场不完全给企业经营带来的效率损失，而具有的通过内部市场来替代外部市场、将企业优势保留在企业内部的能力。同所有权优势一样，内部化优势也是企业进行对外直接投资的必要条件之一。区位优势是指从东道国（地区）的视角出发，东道国（地区）具有相对母国而言在投资环境和投资条件方面的优势。其主要包括两个方面：一是直接的区位优势，如东道国（地区）的市场广阔、要素成本低廉、投资政策优惠等有利因素所形成的区位优势；二是间接的区位优势，即由投资国的不利条件形成的东道国（地区）相对比较优势，如因投资国市场狭窄、生产成本高昂、遭受到其他国家贸易保护主义的限制等而形成的东道国（地区）的区位优势条件。区位优势是企业对外直接投资的充分条件。只有当企业同时具备了所有权优势和内部化优势等必要条件，并与东道国（地区）区位优势这一充分条件相结合后，对外直接投资才会成为企业国际化的最优选择；如果仅有所有权优势，那么企业进行技术转让更加有利可图；如果企业具有所有权优势与内部化优势，而缺乏区位优势，那么此时出口将成为企业国际化的最佳选择。

国际生产折衷理论较好地解释了一国对外直接投资发生的条件，并对不同投资类型的对外直接投资，如市场寻求型、资源寻求型和效率寻求型做出了解释，表现出了极大的综合性与一般性，但这一理论也面临诸多争论，其重要原因之一是理论中的三大要素相互交叉重复；而且虽然在理论中引入了东道国（地区）这一宏观视角，但本质上仍是基于微观企业视角进行的理论分析①。

---

① Kojima K. Macroeconomic versus international business approach to foreign direct investment[J]. Hitosubashi Journal of Economics，1982（23）：630-640.

（五）边际产业扩张理论

基于日本的对外直接投资实践，小岛清（K. Kojima）[①②]提出了边际产业扩张理论，这一理论论述了产业国际转移的主要机制，指出一国的对外直接投资应该从本国已经丧失或者即将丧失比较优势的边际产业开始进行。这里提到的“边际产业”具有双重内涵：一是对于母国来说，这一产业处于母国产业比较优势的最底部，属于丧失或者即将丧失比较优势的产业，是“边际”的；二是对于东道国（地区）来说，这一产业处于东道国（地区）产业比较优势的顶端，是东道国（地区）极力发展的产业，同样是“边际”的。基于“边际产业”的对外直接投资有助于母国从已经丧失或者即将丧失比较优势的产业中摆脱出来，集中资源与精力发展新的技术和产业，形成新的比较优势；同时也有助于东道国（地区）接受管理资源和产业资源的转移在本国发展具有比较优势的产业和其他商业活动，从而可以促进母国和东道国（地区）的产业优化与升级。在此基础上，小泽辉智（T. Ozawa）通过对日本厂商在1960—1970年的对外投资行为的观察，进一步详细说明了基于“边际产业”原则的对外直接投资对母国产业结构调整升级的作用机制。[③]具体而言，主要包括两个方面：一是从母国边际产业中退出的企业通过对外直接投资可以在东道国（地区）获得比母国更廉价的生产要素资源，同时还可以享受东道国（地区）优惠的引资政策，从而获得比投资母国更优厚的效益收入，这将导致处于母国边际产业中的企业愿意更多地进行对外直接投资；二是在通过对外直接投资进行产业转移过程中，无差异生产要素和行业特定要素均会被释放，其中无差异生产要素（如劳动力）由于难以跨越国界，而更多转移到母国的优势产业中，从而为母国优势产业的发展提供更多的资源。Ozawa强调对外直接投资模式的选择应有助于本国现有的或潜在的比较优势发挥作用，并提出“日本经济结构的快速转换与其能利用对外直接投资这种要素的快速转移方式是密切相关的”。

---

① Kojima K. A macroeconomic approach to foreign direct investment [J]. Hitotsubashi Journal of Economics，1973，14（1）：1-21.

② Kojima K. Direct foreign investment: A Japanese model of multinational business operation [M]. London：Croom Helm，1978.

③ Ozawa T. Institutions，industrial upgrading，and economic performance in Japan—The “flying-geese” paradigm of catch-up growth [M]. London：Edward Elgar Pub，2005.

与上述基于微观企业视角进行的理论分析不同，边际产业扩张理论主要基于国家和产业的宏观视角展开，而且在论证过程中还直接将一国对外直接投资与母国和东道国（地区）经济发展与产业结构变迁相结合，详细论证了基于边际产业的对外直接投资如何提升母国和东道国（地区）的经济发展与产业结构水平，具有十分重要的意义。在这一理论中，虽然主要研究视角仍是基于发达国家的对外直接投资与产业发展实践，而发展中国家主要是作为对外直接投资与边际产业转移的被动接受者而存在，但这一理论对于理解发展中国家利用对外直接投资促进经济和产业发展的机制仍具有重要的参考价值。

20世纪60年代以来，立足于美欧和日本等发达国家和地区对外直接投资实践的投资理论探索取得了重大成就。整体来看，这些理论主要回答了两个大问题：一是“企业为什么要国际化”，二是“企业为什么能国际化”。其中，垄断优势理论、内部化理论、国际生产折衷理论等将在母国市场中处于优势地位的企业的对外直接投资行为看作企业维护、利用和发展自身优势的重要途径，以进一步带动企业自身的生产效率和竞争力的不断提升。而企业的生产率和国际竞争力的不断增强将在一定程度上对母国产业发展和经济进步产生积极影响。需要注意的是，由于美欧发达国家和地区的市场经济机制已经十分成熟，企业在市场中处于主体地位，有十分充分、十分自由的经营选择权利，因此企业对外直接投资与母国产业结构升级的关系并非传统对外直接投资理论关注的主要问题。但这些理论为我们理解对外直接投资与母国产业结构升级的关系提供了一定的考察思路，主要有两方面。一方面，由于对外直接投资活动的开展，母国企业通过更有效地利用国际资源以实现在企业劳动生产率和竞争力方面的更大提升，并获得更多利润。更重要的是，一国的跨国公司往往是所在行业的核心企业，核心企业通过与外部市场的频繁联系获取信息和知识，在提升企业自身竞争力的同时也将借助区域内企业间的网络联系促使产业内竞争企业和关联企业的跟进与模仿，进而导致整体产业的结构升级（赵付春、焦豪，2011）。另一方面，某一行业的扩张还可以通过上下游关联效应的发挥带动关联产业的发展，进而促进更多稀缺生产要素的流入，进一步推动这一产业和相关联产业的扩张。这两种效应相互作用、相互交织并最终可以带动母国产业结构的调整升级。基于日本对外直接投资实践的边际产业扩展理论则从产业转移的视角出发，为理解母国（尤其是后起国家）基于边际产业的对外直接投资行为对母国产业结构升级的作用机制提供了直接而翔实的理论分析。这种基于边际产业的对外直接投资，不仅有助于东道国（地区）经济与相关产业的发展，还将通过带动母国处于相对劣势地位的产业的加快退出和无差别生产要素向国内优势产业的集聚等方式带动母国产业结构升级，为本书的推进提供了坚实的理论基础。

二、基于发展中国家实践的投资和产业变迁理论

（一）小规模技术理论

为了更好地解释发展中国家跨国公司的对外直接投资行为，Wells在综合运用产品生命周期理论和国际生产折衷理论的基础上提出了小规模技术理论。[①]这一理论指出，发展中国家虽然并不具有像发达国家那样的绝对竞争优势，但在某些方面存在着相对优势。在发展中国家，其市场规模相对较小，这使得来自发达国家跨国公司的大规模生产技术很难在这些国家取得相应的效应，而小规模生产方式和使用劳动密集型生产技术往往更为适用。这就为拥有低成本优势和小规模技术优势的发展中国家跨国公司进行对外直接投资提供了机会。另外，从产品生产周期来看，不同发展阶段的发展中国家所处的产品生命周期的生产阶段也不相同，这将导致处于生命周期较高阶段的发展中国家，可以通过开发与发展中国家市场相匹配的技术，在获得其所有权优势的同时，还将在处于生命周期较低阶段的发展中国家获得机会，并保持一定的市场占有率。

基于发展中国家的生产方式和市场特征，小规模技术理论解释了发展中国家跨国公司竞争优势的来源，以及发展中国家跨国公司对其他发展中国家进行对外直接投资的基本逻辑。虽然这一理论并未直接提及母国的产业结构升级，但对发展中国家对外直接投资逻辑的理论分析仍为下文探索对外直接

① Wells L T. The internationalization of firms from developing countries[A]//Tamir Agmon, Charles P. Kindleberger multinationals from small countries[M]. Cambridge, MA: MIT Press, 1977.

投资与母国产业结构升级的关系提供了启示。

（二）技术地方化理论

Lall在《新跨国公司——第三世界企业的发展》一书中正式提出了技术地方化理论。[①]Lall指出，发展中国家企业对国外引进的先进技术的消化、吸收与进一步创新，会给这些技术带来新的活力，并形成了发展中国家跨国公司进行对外直接投资的重要所有权优势来源。而大多数发展中国家在生产要素结构、市场规模、技术基础等方面存在诸多相似之处，这就使得发展中国家跨国公司在投资发展中国家市场时将具有发达国家难以具备的优势，如均较少使用专用设备，而较多运用当地低成本、低层次的投入品来代替；更多使用成熟的通用产品，以更好地匹配当地下游企业更低标准的机械设备；等等。在此基础上，Tolentino进一步结合产品生命周期理论指出，国际直接投资格局实质上反映了不同国家的啄食顺序，在这个序列中，发展中国家的企业国际化也是产品生命周期的一个阶段。从而，发展中国家的对外直接投资就是这些国家利用自身建立在技术模仿和改造之上的专有优势，同时内部化其他发展中国家翻新技术的一种选择。[②]技术地方化理论揭示了发展中国家市场寻求型和适宜技术寻求型对外直接投资发生的动力机制。

（三）技术创新产业升级理论

Cantwell[③]和Tolentino[④]基于技术积累的角度提出了技术创新产业升级理论，这一理论分析了发展中国家对外直接投资的活动，并提出了两大基础命题。一是国家内部产业结构的优化升级说明所在国企业的技术水平将会以平稳的速度发展，而这种能力的提升是由于国内技术能力持续累积而

① Lall S.The new multinationals: The spread of third world enterprises [M]. London：John Wiley& Sons，1983.

② Tolentino P E E. Technological innovation and third world multinationals [M]. London: Routledge，1993.

③ Cantwell J. A survey of theories of international production[A]//Roger N.The nature of the transnational firm[M].London: Routledge，1991.

④ Tolentino P E E. Technological innovation and third world multinationals [M]. London: Routledge，1993.

引起的。二是企业技术能力的提升也与发展中国家对外直接投资的发展有着密切的关系，当下的技术能力和水平会对企业国际生产经营决策产生深远的影响；此外，也会对企业对外直接投资的具体形式和增长率产生影响。根据技术创新产业升级理论的内容，我们可以了解到，国内产业结构和技术创新的能力会在发展中国家对外直接投资中发挥重要作用。具体而言，发展中国家对外直接投资过去是以自然资源开发为主的纵向一体化生产经营活动，而随着技术能力的不断积累，如今转变成了以进出口为主要方式的横向一体化生产经营活动。随着海外投资经验的不断积累，发展中国家对外直接投资的活动范围也将不断扩展。即伴随生产经验的持续积累、工业基础的稳定提升以及国内产业结构升级，这些国家的投资范围逐渐由发展中国家延伸至发达国家。技术创新产业升级理论解释了当时发展中国家和地区的对外直接投资活动，尤其是解释了一些新兴工业国家的对外直接投资从发展中国家向发达国家转变、投资结构由劳动密集型产业向高新技术产业转变的过程。这一理论较为详细地论述了母国产业结构水平与对外直接投资的互动关系，为本书的深入研究打下了良好的基础。

（四）联系－杠杆－学习范式

Mathews认为，发展中国家的跨国企业在进行国际扩张的时候具备一些特有的竞争优势，比如成本较低等，但是这些优势发挥的作用十分有限。①发展中国家的低成本优势只有在特定的市场环境中才会显现出来，具体来说，在发达国家的高端市场中低成本所带来的优势十分有限，而在劳动密集型产业和低收入市场上的作用则会大很多。因此，发展中国家的跨国企业是以资源相对匮乏的状态参与到全球互联中的，从而寻求先进的技术以及商务技能。对于这类企业而言，拥有强大的可在国外利用的专有优势并不是它们进行国际扩张的必要条件，它们要做的是进入国际市场并在其中获取重要的战略资产（先进的技术和商务技能等）来弥补自身的不足，从而不断地增强自身的竞争能力。Mathews认为，国际化是发展中国家获取自身所需要

① Mathews J A. Dragon Multinationals: towards a New Model for Global Growth[M]. New York: Oxford University Press, 2002.

的技术、人力资本和品牌战略资源的一个十分有效的途径，并且将这种模式定义为联系－杠杆－学习范式（Linkage-Leverage-Learning Pattern，又称LLL范式）。[①]

LLL范式认为，发展中国家跨国公司在国际化初期不应该过度依赖固有的内在资源，而是应该更多地关注与外部环境相联系的方式从而获得所有权优势；在与外部市场取得联系后，应该将重点放在如何突破领先者设置的障碍并且通过现有联盟更好地利用这些资源，而不是专注于获取一些可以被垄断的资源。由于获取资源存在一定的国际风险，因此寻找合伙人是发展中国家跨国公司进入国际市场的重要发展战略选择方式。在获取资源后，发展中国家跨国公司会通过频繁的实验和学习不断完善它们的战略，并且通过外部联系进一步促进资源的利用。联系—杠杆—学习三个步骤环环相扣，跨国公司后来者通过进入全球价值链，并且利用低成本的优势与全球进行互联，从而产生杠杆作用，利用外部的优质资源将其转化和吸收。

学习是提升跨国公司市场竞争力、进一步融入国际体系的必经之路，而联系和杠杆则是学习前提的必要准备。Makino、Lau和Yeh[②]基于新兴工业化国家对外直接投资的实践，将对外直接投资分为了资产利用型（Asset-Exploitation）和资产寻求型（Asset- Seeking）两种类型。他们认为，当新兴工业化国家跨国公司在向发展程度低于母国的国家投资时，它们就有机会在这些国家利用其固有资源；与此相反，当这些公司向发展程度高于母国的国家投资时，它们就得到了在东道国（地区）获取技术和商务技能等重要战略资源的好机会。

基于发展中国家对外直接投资实践的小规模技术理论和技术地方化理论解释了发展中国家对周边国家以及其他发展中国家资源寻求型和市场寻求型不同的对外直接投资行为。但与发达国家不同的是，发展中国家对外直接投资盈利能力的提升和产业带动效应的增强往往有助于赢得政府更多的青

① Mathews J A. Dragon multinationals: Towards a new model for global growth[M]. New York: Oxford University Press，2002.

② Makino S，Lau C M，Yeh R S. Asset-exploitation versus asset-seeking: Implications for location choice of foreign direct investment from newly industrialized economies[J]. Journal of International Business Studies，2002，33（3）: 403-421.

睐，更容易享受到政府政策的优惠以及资金使用上的便利，获得政府的更多支持。实际上，技术创新产业升级理论到LLL范式等理论的演进过程更进一步表明了，发展中国家的对外直接投资行为不仅仅是企业发挥独特优势后得到的结果，还与国内的国际生产网络的构建、产业结构特征与融入以及国家政策导向等诸多外部因素紧密相关。这些理论更关注不具有绝对所有权优势的发展中国家跨国公司的战略性资产寻求型，尤其是技术寻求型对外直接投资行为出现的机制。其中，技术创新产业升级理论对发展中国家对外直接投资的发展过程使之动态化，从而进一步分析了发展中国家跨国公司由发展中国家转向发达国家、由资源寻求型产业向技术寻求型产业投资转型的动力因素。技术在产业结构升级过程中发挥着关键作用，发展中国家的战略性资产寻求型对外直接投资对母国产业结构升级的影响十分深远，因此政府有动力通过政策支持、方向引导等措施促进包括对外直接投资在内的一切可能带动产业结构升级的经济行为的发展。因此，政府在发展中国家经济中的重要地位以及在本国的对外直接投资发展过程中扮演着十分关键的角色，有利于促进本国的对外直接投资与国内产业结构升级的互动协调发展。

第二节　对外直接投资与母国产业结构升级的文献述评

从现有理论来看，雷蒙德·弗农的产品生命周期理论和小岛清的边际产业扩张理论基于发达国家的对外直接投资实践，分别从产品转移与产业转移视角，将一国对外直接投资与母国产业结构调整升级联系起来，对探寻发展中国家对外直接投资与母国产业结构升级的关系具有明显的启示意义。在此基础上，基于发展中国家跨国公司的运行实践，Cantwell 和 Tolentino进一步探讨了发展中国家通过对外直接投资消化、吸收东道国（地区）技术，并通过持续的技术积累来促进母国产业结构优化升级的主要机制。[①]Mathews进一步提出了“LLL 分析框架”，即发展中国家跨国公司作

① Cantwell J，Tolentino P E E.Technological accumulation and third world multinationals[Z]. Discussion Paper in International Investment and Business Studies，No.139，University of Reading，1990.

为后来者可以通过“资源联系”“干中学”和“杠杆效应”来获得新的竞争优势，进而实现对外直接投资并且促进本国产业结构优化升级。[①]在进行如此多的理论探讨的同时，不少学者也试图在实证研究中对这一问题进行突破与拓展。

一、对外直接投资对母国产业结构升级的影响研究

在对外直接投资对母国产业结构升级的实证研究方面，早期文献的研究对象以发达国家和新兴经济体为主。一些研究指出，日本和东亚新兴国家的对外直接投资尤其是基于边际产业或低端生产环节的外移，显著促进了这些国家部分生产要素向新兴产业的聚集，从而推动了母国的产业结构升级[②③④]。而且，Branstetter基于日本跨国公司实践的实证研究表明，日本对美国的直接投资具有十分明显的技术寻求动机，这些投资在很大程度上是为了获取美国的知识溢出。[⑤]Salvador、Gorg和Strob通过对爱尔兰的对外直接投资数据进行分析发现，本国的对外直接投资还将提高跨国公司对国内中间投入品的需求，从而导致的需求规模扩张会带来爱尔兰国内产业结构的改变。[⑥]

除此之外，早期的研究还特别关注对外直接投资可能引致的母国“产业空心化”现象。“产业空心化”的概念最初是由布鲁斯（B. Bruce）和哈里逊（B.Harrison）提出的，其被定义为“在一国基础生产能力方面的投

---

① Mathews J A. Dragon multinationals: New players in 21st century globalization[J]. Asia Pacific Journal of Management，2006，23（1）：5-27.

② Hiley M. The Dynamics of changing comparative advantage in the Asia-Pacific region[J]. Journal of the Asia Pacific Economy，1999（3）:446-467.

③ Advincula R. Foreign direct investments，competitiveness，and industrial upgrading: The case of the Republic of Korea[D]. South Korea：KDI School of International Policy and Management，2000.

④ Lipsey R. Home and host country effect of FDI [R]. NBER Working Paper，No.9293，2002.

⑤ Branstetter L. Is foreign direct investment a channel of knowledge spillovers? Evidence from Japan's FDI in the United States[R]. NBER Working Papers，No.8015，2000.

⑥ Salvador B，Gorg H，Strob E. Foreign direct investment，competition and industrial development in the host country[J]. European Economic Review，2004，49（7）：1761-1784.

资出现了广泛的、系统的下降”。[①]关于“产业空心化”的研究在20世纪90年代的日本得到了更广泛的关注与探讨。这些基于日本实践的研究，一方面强化了对产业空心化驱动因素与影响路径的研究，其中对外直接投资被许多学者视作导致一国国内产业空心化的重要诱致性因素，其重要原因之一是对外直接投资导致了国内企业大规模跨国转移生产能力，大量生产要素外流[②③]；另一方面细化了产业空心化可能给母国经济带来的影响，如导致国际贸易逆差、减少母国国内的就业机会，甚至降低国内劳动者收入和社会购买力需求并最终导致国内经济停滞不前[④⑤]。但是目前，一些基本问题如日本是否存在产业空心化以及引致产业空心化的因素是否是对外直接投资，仍存在较多争论。如Feinstein的研究指出，所谓的产业空心化在成熟的经济体中，可能只是资本要素和劳动力由低级产业向高级产业自然流动所引起的必然结果。[⑥]不仅如此，Hirono的研究还发现，日本在20世纪60—70年代将高能耗、高污染产业向外转移以应对国内生产成本上升、资源不足等问题，这些行为实际上带动了国内高新技术和高附加值产业的快速发展，即使到了80年代，日本的制造业工业产值依然是很高的，因此对外直接投资并未导致日本国内产业的空心化。[⑦]李东阳对美日案例进行研究后也发现，对外直接投资对母国的就业机会和国际贸易逆差的影响微乎其微，不能将母国经济中的大量问题都归咎于对外直接投资。[⑧]另外，Minoru的经验研究则发现，日本的大规模对外直接投资对母国核心制造业发展产生了

① 冯昭奎. 日本经济[M]. 北京：高等教育出版社，1998：288.

② Trowbridge A B. Defusing deindustrialization[J]. Industry Week，1985(227).

③ Terasaki M，Yamauchi K. New Opportunities for the manufacturing industry in the advanced industrialized countries[J]. Management Japan，1996(29).

④ Kojima K. Direct foreign investment: A Japanese model of multinational business operation[M]. London：Croom Helm，1978.

⑤ Davis J C，Huston J H. The shrinking middle-income class: A multivariate analysis[J]. Eastern Economic Joumal，1992，18(3)：277-285.

⑥ Feinstein C. Structral change in the developed countries during the twentieth century[J]. Oxford Review of Eeonomic Policy，1999，15(4).

⑦ Hirono R. Japan's direct investment overseas：Performance issues and prospect: 1951—2000[J]. Management Japan，1996(Spring).

⑧ 李东阳. 对外直接投资与国内产业空心化[J]. 财经问题研究，2000(1)：56-59.

抑制作用[①];Sun等[②]、Liu等[③]均通过实证研究发现，母国对低收入国家或地区进行的防御性或垂直型对外直接投资削弱了母国制造业的竞争力。杨丽丽等[④]以中国对外直接投资数据为例，研究发现中国对外直接投资对母国产业的影响与对外直接投资的类型、投资地域和投资行业相关，劳动密集型对外直接投资、对发展中国家的顺向对外直接投资以及商贸服务型对外直接投资会在一定程度上给母国产业发展甚至部分产业的“空心化”带来挑战。

二、中国对外直接投资对国内产业结构升级的机制研究进展

中国对外直接投资起步虽晚，但发展十分迅速。尤其是进入21世纪以来，中国对外直接投资的高速发展，使其迅速成为企业国际化的重要形式之一，并确立了中国对外直接投资大国的地位。因此，中国对外直接投资特征、动因、区位选择、绩效评估等问题得到了国内外大量学者的广泛关注[⑤⑥⑦]。但将关注点集中在中国对外直接投资与国内产业结构优化升级关系上的相关文献依然比较少。

从中国对外直接投资对国内产业结构升级的作用机制上看，现有研究

① Minoru I. Hollowing-out of the Japanese manufacturing industry and regional employment development [R]. Working Paper，2006.

② Sun L，Fulginiti L E，Chen Y C. Taiwanese industry competitiveness when outward FDI is defensive [J]. Journal of Asian Economics，2010，21（4）: 365-377.

③ Liu W H，Tsai P L，Tsay C L. Domestic impacts of outward FDI in Taiwan: Evidence from panel data of manufacturing firms [J]. International Review of Economics & Finance，2015，39（9）:469-484.

④ 杨丽丽，盛斌，吕秀梅. OFDI的母国产业效应：产业升级抑或产业“空心化”[J]. 华东经济管理，2018（7）：95-103.

⑤ 余壮雄，付利. 中国企业对外投资的区位选择：制度障碍与先行贸易 [J]. 国际贸易问题，2017（11）：115-126.

⑥ Wei Y Q，Zheng N，Liu X H，Lu J Y. Expanding to outward foreign direct investment or not? A multi-dimensional analysis of entry mode transformation of Chinese private exporting firms [J]. International Business Review，2014，23（2）：356-370.

⑦ Zhao W，Liu L，Zhao T. The contribution of outward direct investment to productivity changes within China 1991—2007 [J]. Journal of International Management，2010（16）：121-130.

主要包含两个方面：一是将对外直接投资作为整体进行研究，如江小涓和杜玲在总结回顾对外直接投资理论发展历程的基础上，将对外直接投资促进母国产业结构升级的路径归结为三条，从宏观到微观依次为：产业间结构转移，即传统产业的对外直接投资有利于充裕国内资源转向新兴产业；产业内结构调整，即通过对外直接投资带动国内生产要素向相关产业的上下游转移；企业内部的结构调整，即带动企业生产效率的提升[①]。汪琦对上述路径进行了拓展，指出对外直接投资在转移传统产业、促长新兴产业的同时，还可以通过补充关键性短缺资源以及发挥产业间的关联和辐射等途径来带动国内产业结构优化升级，但也应注意对外直接投资可能会加剧母国与东道国（地区）重合产业的竞争情况，影响母国的就业和国际收支平衡进而阻止母国的产业结构调整。[②]欧阳峣[③]将跨国投资对母国产业结构升级的影响路径分为了产业的“进入”“退出”“扩张”机制，即进入和培植新产业的发展、推动传统产业从国内市场的有序退出、实现国际市场和相关产业的拓展等。这种劣势产业的“压缩”“退出”和优势产业的“进入”“扩张”共同作用有利于国内产业的调整升级。赵伟和江东在这些零散的作用路径基础上将其总结为三种效应：产业转移效应、产业关联效应与产业内竞争效应。[④]此外，马静和陈明[⑤]、尹忠明和李东坤[⑥]、毛海欧和刘海云[⑦]等研究还从母国的需求结构、国际贸易、国内对外开放水平等方面

---

① 江小涓，杜玲. 对外投资理论及其对中国的借鉴意义 [J]. 经济研究参考，2002（73）: 32–44.

② 汪琦. 对外直接投资对投资国的产业结构调整效应及其传导机制 [J]. 国际贸易问题，2004（5）: 73–77.

③ 欧阳峣. 民营企业对外直接投资：理论 · 战略 · 模式 [M]. 北京：商务印书馆，2007: 61–65.

④ 赵伟，江东. ODI与中国产业升级:机制分析与尝试性实证 [J]. 浙江大学学报（人文社会科学版），2010（3）: 116–125.

⑤ 马静，陈明. 中国对外直接投资产业选择的理论探讨 [J]. 黑龙江社会科学，2008（6）: 95–97.

⑥ 尹忠明，李东坤. 中国对外直接投资与国内全要素生产率提升——基于全面提升开放型经济发展水平的视角 [J]. 财经科学，2014（7）: 21–31.

⑦ 毛海欧，刘海云. 中国对外直接投资促进了产业升级吗？——基于出口劳动结构视角的研究 [J]. 世界经济研究，2018（6）: 94–108.

探讨了对外直接投资与国内产业结构升级的关系。二是基于对外直接投资动机分类，探讨不同投资动机下对外直接投资对国内产业结构调整升级的作用路径。如茹玉骢从技术寻求型对外直接投资出发，指出这一投资类型有利于促进母国中间品贸易、获得技术逆向溢出，还可以通过打破母国产业高度化路径依赖的方式带动母国产业结构升级[①]；江东则从理论上探讨了资源寻求型、效率寻求型、市场寻求型和战略性资产寻求型对外直接投资分别对母国制造业重工业化、高加工度化、劳动生产率提升等可能产生的影响[②]。在此基础上，李逢春[③]、尹忠明和李东坤[④]等的研究对不同投资动机对外直接投资对母国产业结构升级的具体作用机制与路径做了进一步扩展。刘鹏[⑤]从中国制造业企业的视角出发，分析了市场寻求型企业对外直接投资、生产资源寻求型企业对外直接投资和战略资源寻求型企业对外直接投资对国内就业、投资和产出的作用机制，进而探寻不同投资动机对外直接投资对母国产业发展尤其是“产业空心化”倾向的作用路径与效果，拓展深化了对外直接投资与母国产业发展互动关系等相关研究。

三、中国对外直接投资与国内产业结构升级的实证研究进展

从实证研究来看，现有关于中国对外直接投资与国内产业结构升级关系的实证检验相对较少。与理论研究视角相对应，实证研究也主要从两个方面展开。

一方面，关注国家或省际层面对外直接投资总量（流量或存量）与国内产业结构升级的关系。如潘颖和刘辉煌利用1990—2007年的时间序列数据，

---

① 茹玉骢.技术寻求型对外直接投资及其对母国经济的影响[J].经济评论，2004（2）：109-112.

② 江东.对外直接投资与母国产业升级——机制分析与实证研究[D].杭州：浙江大学，2010.

③ 李逢春.对外直接投资与投资国产业升级[M].北京：人民出版社，2014.

④ 尹忠明，李东坤.中国对外直接投资对国内产业结构升级的作用机制——基于不同投资动机的探讨[J].北方民族大学学报，2015（1）：37-41.

⑤ 刘鹏.中国制造业企业OFDI会造成国内“产业空心化”吗？——基于异质性企业投资动机的视角[J].财经论丛，2017，225（10）：3-10.

借助协整检验和Granger检验的研究方法，得到中国对外直接投资与国内产业结构升级之间具有协整关系的结论，虽然短期内对外直接投资很难促进国内产业结构升级，但具有较为显著的长期效应。[①]赵伟和江东（2010）利用省际面板模型进行了尝试性回归，研究也表明了对外直接投资对国内产业结构升级的积极影响，但是这一效应总体较小。王英[②]、杨建清和周志林[③]的研究也得到了类似的结论。此外，考虑到中国对外直接投资起步较晚，数据时间跨度较短、数据量较少等现实，一些研究还引入了灰色系统分析方法[④⑤]。这些研究通过对中国对外直接投资存量的产业数据与国内三大产业产值比重数据做灰色关联研究发现，中国对外直接投资是推动国内产业结构升级的重要因素之一，但不同行业对外直接投资对国内三大产业的影响存在明显的异质性，采矿业和制造业以及劳动密集型和技术密集型产业的对外直接投资对国内产业结构升级的影响更为重要。赵云鹏和叶娇[⑥]则重点关注了两者关系的滞后效应和空间溢出效应，通过引入空间计量等方法进行检验发现，对外直接投资将有助于促进国内产业结构升级，这一效应具有滞后性，而且对外直接投资在促进本地区产业结构升级的同时，也将对其邻接区域的产业结构升级调整产生显著促进作用。

另一方面，不少研究重点关注不同投资动机对外直接投资对国内产业结构升级的异质性影响及其内部差异性比较。如潘素昆和袁然[⑦]的研究，依照

① 潘颖，刘辉煌.中国对外直接投资与产业结构升级关系的实证研究[J].经济纵横，2010（2）：102-104.

② 王英.对外直接投资影响产业结构调整的实证分析[J].审计与经济研究，2009，24（4）：85-89.

③ 杨建清，周志林.我国对外直接投资对国内产业升级影响的实证分析[J].经济地理，2013（4）：120-124.

④ 王英，刘思峰.OFDI对我国产业结构的影响：基于灰色关联的分析[J].世界经济研究，2008（4）：61-65.

⑤ 霍忻.我国OFDI产业结构调整效应研究——基于灰色关联理论的实证分析[J].国际经贸探索，2014，30（9）：24-32.

⑥ 赵云鹏，叶娇.对外直接投资对中国产业结构影响研究[J].数量经济技术经济研究，2018，35（3）：78-95.

⑦ 潘素昆，袁然.不同投资动机OFDI促进产业升级的理论与实证研究[J].经济学家，2014（9）：69-74.

东道国（地区）的发展与禀赋特征，将中国对不同东道国（地区）的投资分为技术寻求型、市场寻求型和资源寻求型三大类，并借助2003—2012年58个东道国（地区）的时间序列数据分别构建实证回归模型，计量结果显示不同类型的对外直接投资对国内产业结构优化升级的影响虽然都是显著的但异质性明显，技术寻求型对外直接投资的产业结构升级效应明显高于其他两种类型对外直接投资的作用效果。而对技术寻求型对外直接投资的深入研究，一直是中国对外直接投资相关研究中的重要方面之一。其中，重要原因之一是技术寻求型对外直接投资产生的反向技术溢出效应对母国经济发展和产业结构升级的作用往往更为明显。但对于技术反向溢出效应的存在性、大小以及母国经济的吸收效果在现有研究中仍存在诸多争议①②③。郭娟的实证研究即发现，技术寻求型对外直接投资对产业结构升级的促进作用主要体现在产业结构高度化，而非产业结构合理化。④

现有国内外文献在理论与实证两个层面就对外直接投资与母国产业结构升级的作用路径及效果问题展开了研究，并取得了许多有价值的成果。这不仅为系统解析中国对外直接投资对母国产业结构升级的作用机制研究打下了坚实的基础，还有助于为对外直接投资的母国产业结构升级效应的检验提供多维思路和重要借鉴。但由于产业结构升级内涵的多层次以及对外直接投资动机的多样性，对外直接投资对母国产业结构升级的作用路径实质上变得更加复杂，计量分析的方法选择也需要更加多样化。再加上中国对外直接投资与产业结构升级表现的特殊性，针对中国对外直接投资与产业结构升级关系的研究仍有待进一步深入与细化。

---

① Fosfuri A，Motta M. Multinationals without advantages [J]. Scandinavian Journal of Economics，1999，101（4）：617-630.

② 李梅，柳士昌. 对外直接投资逆向技术溢出的地区差异和门槛效应[J]. 管理世界，2012（1）：21-34.

③ 魏呈呈. 金融环境对OFDI反向技术吸收能力的再探索[J]. 统计与决策，2017（2）：163-166.

④ 郭娟. 技术寻求型ODI对国内产业结构影响的实证研究 [J]. 求索，2013（3）：29-31.

第三节　对外直接投资与母国产业结构升级关系的内在机制

对外直接投资与母国产业结构升级的相关理论与最新研究进展，涵盖了宏观与微观两个层面。其中，宏观层面更注重从国家产业政策、产业发展的视角来论述两者关系，而微观层面更强调从企业视角尤其是企业发展视角看待对外直接投资与母国产业结构升级的关系。当然，两者并不是割裂的。首先，从产业间升级到产业内升级再到企业内部升级，现有理论对一国对外直接投资对不同层面产业结构升级的作用机制分析层层深入，从宏观向微观通过"剥洋葱"似的对一国对外直接投资的产业结构升级效应的总体特征和微观动态进行多维考察。其次，企业生产效率和竞争力提升带来的产业结构微观升级也将对产业内升级和产业间升级产生带动效应。这两个研究视角相互支撑、相互补充，构成了一个完整的分析框架。

一、对外直接投资对母国产业结构升级的作用机制

根据前文分析，一国对外直接投资对母国产业结构优化升级的作用机制主要体现在宏观与微观两个层面。从宏观层面来看，其主要体现在三个方面：产业转移效应、产业关联效应和产业内竞争效应。从微观层面来看，则可以通过不同投资动机的对外直接投资对产业结构升级的作用机制加以说明。

（一）对外直接投资对母国产业结构升级的宏观作用机制

1. 产业转移机制

产业转移机制实际上是生产要素重新合理优化配置的过程。在这一过程中，推动生产要素从处于相对劣势的产业中逐步退出，并进入新兴高效的产业中，促进新兴优势产业的扩张和劣势产业的逐步退出，从而实现产业结构优化升级。但如果生产要素无法及时从劣势产业中退出，将会削弱产业结构优化升级的物质基础，从而放慢产业结构升级的速度，影响质量。而且，在

生产要素重新优化配置过程中，由于劣势产业在市场中的退出往往会产生较高的沉没成本，如生产设备等专用性资产难以收回，这也将在一定程度上提高劣势产业退出的壁垒，从而阻碍传统产业的改造与新兴产业的发展[①]。根据边际产业扩张理论的主要思想，对外直接投资能够有效减少母国劣势产业退出市场时付出的经济成本，原因在于，通过国际市场转移，处于“边际”地位的传统劣势产业可以通过跨国经营更好地利用其部分产能和生产设备等专用性资产，以延长边际产业的生命周期。而且边际产业的跨国流转，还有助于推动产业转移过程中释放的劳动和资本等生产要素向母国中更具有比较优势的产业进行转移。因此，从产业转移机制来看，对外直接投资促进母国产业结构升级的机制主要体现在两个方面：一是通过对外直接投资实现国内劣势产业的跨国转移不仅有助于提升母国传统产业在东道国（地区）的产品生产和销售、延长劣势产业的生命周期，带动相关原材料、生产设备、零部件和中间产品等的出口，还可以充分利用东道国（地区）比较低廉的生产成本和优惠的投资政策，赚取高于国内生产销售的利润，为母国发展新兴产业提供了更多的资金支持。二是通过对外直接投资有助于母国逐渐剥离其劣势产业部门，从而将解放出的附着在这些产业中的资金、劳动力和土地等生产要素投入到改造传统产业或支持新兴产业的发展和扩张之中。因此，对外直接投资可以通过产业转移机制，实现母国生产要素的优化配置，这有助于带动母国的产业结构优化升级。

2. 产业关联机制

根据阿尔伯特·赫希曼（A.O.Hirschman）的定义，产业关联是指某一特定产业规模和技术的变化能通过投入和产出关系对其他产业产生直接或间接的影响。[②]其又可以分为前向关联效应和后向关联效应。前向关联效应是指，通过产业的供给关系对下游产业部门经济活动产生影响的行为。后向关联效应则是通过需求关系影响上游产业的经济活动的行为。从前文理论分析中可以看出，对外直接投资具有较强的产业带动性和产业关联性，有助于促进母

① Ozawa T. Institutions，industrial upgrading，and economic performance in Japan—The “flying-geese” paradigm of catch-up growth[M]. London：Edward Elgar Pub，2005：30-35.

② 阿尔伯特·赫希曼. 经济发展战略[M]. 曹征海，潘照东，译. 北京：经济科学出版社，1991：90-91.

国的产业结构升级。

具体而言，从前向关联效应来看，上游产业的对外直接投资通过利用东道国（地区）较为廉价的生产要素与资源，进行的初级产品和中间产品生产，可以通过再进口的方式为母国下游产业的发展提供相对廉价的中间投入品，促进下游产业的发展和竞争力的提升。此外，上游产业的对外直接投资还会促进生产要素在产业内的重新配置，有助于促进母国产业下游部门的产业专业化生产和研发，进而不断提升产品层次和产业竞争力。从后向关联效应来看，下游产业对外直接投资的产业带动性以及其对母国产业结构升级的可能影响路径主要体现在三个方面：一是母国下游产业通过对外直接投资将自身置于竞争激烈的国际环境中，面临更加复杂多样的产品和服务要求，这种来自国际经营环境中的竞争压力和动力很可能将通过需求关系传递至母国上游产业，倒逼母国上游产业部门进行优化升级；二是为了在激烈的国际竞争环境中生存和发展，进入国际市场的下游产业需要不断学习、模仿、消化和吸收国际市场中的先进技术、经营策略以及先进理念，而这很可能会通过对外直接投资的反向溢出效应将国际市场中的先进技术和经营理念扩散至母国上游产业和关联产业，提升母国产业的整体实力，促进产业结构调整；三是下游产业进行对外直接投资，尤其是市场寻求型对外直接投资，往往伴随着对母国上游产业产品和服务的需求规模不断扩大，由此有助于促进母国整个行业的规模化生产和技术进步。而且，对于大多数对外直接投资的行为主体而言，前向关联效应和后向关联效应往往是同时存在的，对外直接投资的产业关联效应是母国产业结构优化升级的重要路径之一。

3. 产业内竞争机制

迈克尔·波特（M.E.Porter）指出，如果行业内存在激烈的国内竞争，这有助于该行业保持较高的竞争优势，即行业竞争程度与行业比较优势大小之间存在密切联系。这里的主要逻辑是：激烈的国内竞争给企业带来创新、改进技术和产品质量等一系列压力，并引导企业积极寻求提升生产与经营效率的途径，以最终提升整个行业的生产效率和竞争优势。另外，国内竞争还有助于国内企业成长为优秀的国际竞争企业，利用对外直接投资和其他跨国经营方式来获取国际资源从而进一步培育和提高企业自身的竞争优势与垄断能力。反过来说，这又将对国内产业的竞争环境产生影响。其主要通过如下两条路径发挥作用：一是威胁效应，即对外直接投资企业竞争能力的增强会给产业内其他同行竞争者带来威胁，这些企业为避免在产业内竞争中失败甚至淘汰，会加快新生产工艺的改进、研发与创新，不断提升产品、技术的更新速度，从而在客观上有助于提升整个产业的竞争能力；二是示范效应，即对外直接投资企业在技术、产品以及服务理念等方面的革新，还将会对产业内的同行竞争者形成示范和标杆，提升产品、技术或者服务的标准及门槛。在激烈的竞争环境中，这些企业将对新事物进行快速的学习和模仿，从而推动新技术、新理念在整个行业的全面落实与发展，并激发新产品的研发与创新速度。而企业内部和企业之间相互竞争、不断进取的创新机制的形成，无疑将推动产业层面的生产效率和竞争能力的持续提高，并最终有助于促进母国的产业结构优化升级。

（二）不同投资动机对外直接投资对母国产业结构升级的微观作用机制

1. 资源寻求型对外直接投资对母国产业结构升级的作用机制

从内涵上看，资源寻求型对外直接投资是为了获取东道国（地区）的矿产资源、能源等自然资源而进行的对外直接投资。这种类型的对外直接投资大多发生在母国工业化的中后期，其原因是工业化中后期，一国的工业尤其是重工业往往会迅速发展，迅猛增加的资源需求量很难通过国内资源储备以及单纯的进口来解决。因此，通过对外直接投资增强企业的资源获取能力，对于保持国内经济与产业的稳定发展和进步均具有十分重要的意义。一方面，资源寻求型对外直接投资企业不仅可以改进自身的国际资源布局，提升企业的国际影响力与竞争力，还可以借助国际市场与国内市场存在的价格差获取利润，以提升企业的生产率和利润率。另一方面，资源寻求型对外直接投资从客观上还有利于增加国内的基础资源和关键能源的供应，为母国经济的发展和产业结构的优化升级提供了稳定且可预期的资源供应环境。但不容忽视的是，资源寻求型对外直接投资也可能降低传统的高耗能产业的资源和成本约束，延缓这些产业在国内经济发展中的退出步伐[①]。因此，资源寻求型对外直接投资对母国产业结构升级的作用效果在理论上仍存在争议。

2. 市场寻求型对外直接投资对母国产业结构升级的作用机制

市场寻求型对外直接投资是以拓展市场、维护和增加企业在东道国（地区）中的市场份额为主要目的的对外直接投资。这一类型的对外直接投资主要可以通过三条路径来影响国内产业结构升级：一是作为企业所有权优势延伸的一种重要方式，市场寻求型对外直接投资可以帮助企业维护自身的竞争优势地位，并通过拓展国际市场增强规模优势，以进一步发展形成新的比较优势；二是市场寻求型对外直接投资还可以帮助母国企业更好地绕过东道国（地区）的贸易壁垒，实现在东道国（地区）的直接生产和销售，以维护并提升企业在东道国（地区）的市场份额，这在母国与东道国（地区）之间存在较高贸易壁垒以及贸易保护时，将变得十分重要，可以帮助母国企业在东道国（地区）获得更大的发展空间；三是市场寻求型对外直接投资可以使企业更加方便地了解和搜集国际市场信息，为母国跨国公司生产方式和产品的改进与提升提供依据。因此，市场寻求型对外直接投资将通过增强企业所有权优势、拓展海外市场和把握国际市场信息等路径，最终实现企业竞争力的提升，并为企业进行关于传统技术、工艺以及产品方面的改造升级以及新技术、新设备、新产品等的引进吸收提供资金与信息保障。

3. 效率寻求型对外直接投资对母国产业结构升级的作用机制

效率寻求型对外直接投资是以寻求国外廉价生产要素，以实现降低生产、运输和销售成本为主要目的的对外直接投资。采用效率寻求型对外直接投资的企业的共同特征在于这些企业将部分重要生产要素从成本优势逐渐丧失的国家或地区转移到要素成本更具竞争优势的东道国（地区），以提升企业生产率、增加企业产出、增强企业竞争力。也就是说，效率寻求型对外直接投资是企业为了延长产品生命周期和追逐利润而进行的跨国生产转移，采用这一投资类型企业可以降低生产成本并提高劳动生产率。这一类型的对外直接投资在对企业生存与发展产生积极影响的同时也将优化母国产业结构。

---

① 江东．对外直接投资与母国产业升级——机制分析与实证研究[D]．杭州：浙江大学，2010.

4. 战略性资产寻求型对外直接投资对母国产业结构升级的作用机制

战略性资产又被称为创造性资产，其具有显著的稀缺性、难以模仿性以及知识意会性等特征[①]，因此战略性资产的转移与流动难度往往会随着地理距离的增加、知识复杂性的提升以及技术变化速度的加快而增加，这也对面对面的交流提出了更高的要求[②]。战略性资产寻求型对外直接投资是为了培育或者巩固企业的长期竞争地位而进行的对战略资产的跨国寻求，可以更好地接近战略资产。从作用机制来看，战略性资产寻求型对外直接投资促进母国产业结构升级的路径主要有三条：一是竞争效应，通过战略性资产寻求型对外直接投资提升母国投资企业自身的竞争能力，有助于加剧母国产业内的竞争程度，带动母国产业内其他企业生产效率和经营水平的提升；二是示范效应，也就是母国跨国公司实施战略性资产寻求型对外直接投资对企业在技术、管理和服务等领域取得进步有所帮助，为母国产业内其他企业做出了示范作用，有利于同行业竞争者观察、模仿、学习以及实现再创新；三是利润支持，通过战略性资产寻求型对外直接投资有助于提升投资企业的核心竞争力，促进跨国公司生产率与利润率的提升，进而为这些企业进行新技术研发、产品升级乃至东道国（地区）销售渠道拓展提供资金支持。

二、母国产业结构状况对本国对外直接投资发展的作用机制

一国对外直接投资的出现是经济发展和产业结构变迁到一定阶段的产物。从宏观层面来看，母国的产业结构状况将在一定程度上影响本国对外直接投资的结构特征，尤其是投资产业分布结构特征。一方面，体现在母国国内的优势产业具有更强实力进行国际竞争，且为了寻求更大市场或更好服务国内市场以满足国内市场的更高需求而进行对外直接投资，从而使部分国内优势产业成为对外直接投资的主导产业之一，即对外直接投资具

① 陈强，刘海峰，李建昌，余文璨. 中国技术寻求型对外直接投资现状、问题和政策建议[J]. 中国软科学，2013（11）：18–25.

② 楚天骄，杜德斌. 跨国公司研发机构与本土互动机制研究[J]. 中国软科学，2006（2）：127–132.

有显著的国内优势产业延伸特征；另一方面，国内具有一定基础但仍处于相对劣势的部分战略性产业，为了充分利用国际资源实现自身快速提升所进行的对外直接投资，使本国对外直接投资又呈现出明显的战略性产业反哺特征。从微观层面来看，一国产业结构状况对本国对外直接投资的影响主要体现在以下两点：一是母国产业结构所处的发展阶段在一定程度上影响本国对外直接投资的规模，母国产业结构水平越高级、专业化分工程度越高，越能促进本国企业的竞争能力和经营水平的提高，越能推动本国对外直接投资的发展和规模的扩大；二是母国的产业结构水平还将影响本国对外直接投资的投资动机和区位分布结构。例如，进入大规模工业化时期的国家，其产业结构表现出明显的第二产业比重增长迅速，对自然资源和能源的需求量大幅增加，同时对扩大产品销售市场也具有更浓厚的兴趣，这将使开拓海外市场、寻求海外资源变得有利可图，从而在一定程度上导致这一时期的母国对外直接投资表现出明显的自然资源寻求和市场寻求特征，并在投资地域上表现出母国对外直接投资在自然资源储量丰富和市场较为广阔的东道国（地区）的聚集。

因此，对外直接投资与母国产业结构升级间存在多重作用机制，本书将在考察中国对外直接投资与国内产业结构变迁的基础上，使用多种计量经济学方法对上述机制进行检验。

三、对外直接投资发展与母国产业结构升级的联动机制

从前文分析可知，对外直接投资与母国产业结构水平之间呈现出相互作用、相互影响的关系。一国对外直接投资的发展可以通过产业转移、产业关联与产业内竞争等机制推动母国一步一步实现产业内升级与产业间升级。从微观层面来看，对外直接投资对母国产业结构优化升级的作用机制与对外直接投资的投资动机关系十分密切。资源寻求型、效率寻求型、市场寻求型与战略性资产寻求型对外直接投资作用于母国产业结构升级的具体路径虽然有所差异，但在提升企业生产效率、增加利润和增强竞争力方面均具有重要体现，并最终都有助于推动母国产业结构的优化升级。而母国产业结构的优化升级又反过来推动母国对外直接投

资的发展，这主要体现在两个方面：一是母国产业结构优化升级，会形成新的产业发展需求，从而在一定程度上将决定母国对外直接投资的产业布局方向、区域布局重点和投资动机选择；二是国内产业结构优化升级推动的一国经济发展水平的总体扩展，还将从宏观上促进本国对外直接投资规模的扩大。具体而言，根据结构主义观点，产业结构优化升级往往会推动经济发展效率的提高，促进一国经济的持续快速发展。而经济发展水平与一国的对外直接投资密切相连。根据邓宁的投资发展路径（IDP）理论，通过对67个国家1967—1978年的直接投资流量与经济发展水平的资料进行实证分析发现，一国的直接投资流量与该国的经济发展水平有密切关系，随着一国人均国民生产总值水平的变化，可以将一国从事对外直接投资活动划分为五个不同的阶段①，一国经济发展水平越高，其国际投资地位尤其是对外直接投资发展越快。也就意味着，产业结构升级推动一国经济发展水平提升，将在一定程度上带动母国对外直接投资规模的扩大。而母国对外直接投资规模的扩大、结构的调整与变迁又会通过一系列的产业效应与投资动机的变化引发的影响路径进一步带动新一轮的产业结构升级优化。即一国对外直接投资与母国产业结构优化升级之间呈现出一种螺旋上升的联动发展机制（见图2-3）。这也是本书试图深入解读的重点内容之一。

---

① 约翰·邓宁于1981年提出的IDP理论指出，发展中国家人均GDP水平的提高，与其对外直接投资发展之间的关系具有阶段性规律，一般经历五个阶段。第一阶段（人均GDP低于400美元），由于经济发展水平低，外资流入与对外直接投资均很少或几乎没有。第二阶段（人均GDP处于400~2000美元），随着经济发展水平的提高，外资流入迅速增加，同时开始有少量对外直接投资，净对外直接投资额为负，且绝对值不断增大。第三阶段（人均GDP处于2000~4750美元），由于经济发展水平继续提高，对外直接投资的所有权优势、内部化优势和区位优势都得到加强，对外直接投资大幅上升，且增速逐渐超过外国直接投资流入，但净对外直接投资额仍为负，绝对值不断减小。第四阶段（人均GDP超过4750美元），对外直接投资流出量超过流入量，该国净对外直接投资额为正且呈增大趋势。邓宁于20世纪90年代修订了IDP理论，增加了第五阶段，在这一阶段，一国对外直接投资净额先下降，之后围绕零水平上下波动，且该国外商直接投资额和对外直接投资额均增加。

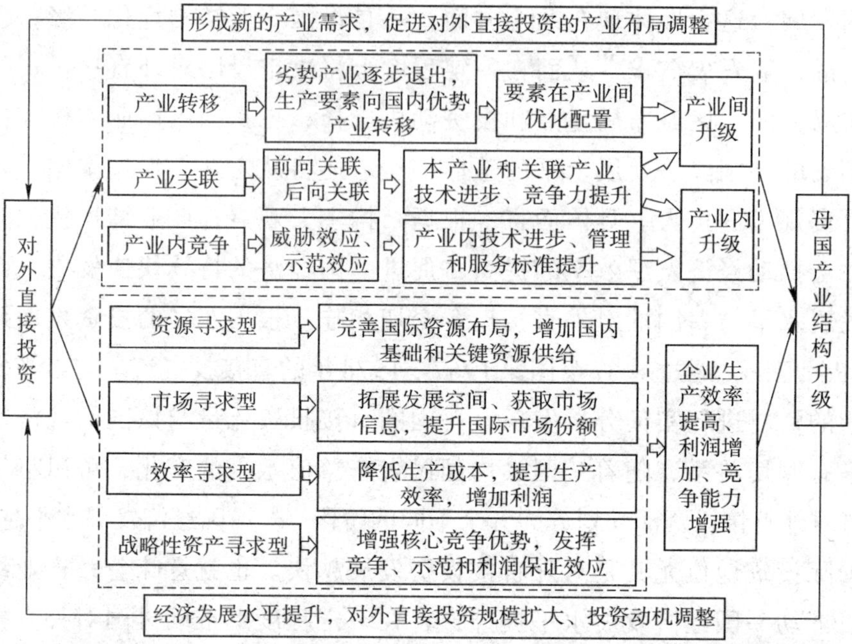

图 2–3　对外直接投资与母国产业结构升级的联动发展机制

资料来源：笔者绘制。

第四节　本章小结

对外直接投资与母国产业结构升级之间到底存在怎样的理论逻辑？现有针对一国对外直接投资发展与母国产业结构升级的相关研究对此进行了较多探索，但总体而言相关理论分布较为分散，并未形成一个统一、完整和成熟的分析框架。基于对外直接投资理论和产业结构的相关理论，本章试图构建一个更为综合的对外直接投资与母国产业结构升级关系的理论框架并取得了一些进展。

本章首先对研究报告中涉及的两个重要概念：对外直接投资与产业结构升级进行明确界定，厘清对外直接投资的内涵、标准及其投资动机和产业结构的内涵层次与分类。在此基础上，系统梳理对外投资与产业变迁的相关基础理论，考虑到发达国家与发展中国家投资与产业变迁理论的异质性，本章分别从发达国家与发展中国家两个层面对涉及一国对外直接投资与母国产业结构升级关系的相关理论进行整合。理论的进展是相对缓慢的，但关于对外直接投资与产业结构升级关系的文献研究发展十分快速，因此在整合基础理论的同时，本章立足现有文献，进一步探寻对外直接投资与母国产业结构升级联动关系的最新研究进展，进一步改进和完善了对外直接投资与母国产业结构升级关系之间的分析框架。在此基础上，进一步总结对外直接投资对母国产业结构升级的作用机制、母国产业结构升级对一国对外直接投资发展的作用机制，以及两者的联动机制，从而形成了一个较为完整的、系统的、动态化的对外直接投资与母国产业结构升级分析框架，为后文的一系列实证研究的推进提供了重要的理论基础。

第三章　中国对外直接投资发展与国内产业结构变迁

中国对外直接投资与国内产业结构状况在新中国成立之后尤其是改革开放以来发生了很大的变化。本章将详细论述中国对外直接投资与国内产业结构变迁的发展历程与各阶段特征，为进一步深入探讨两者之间的互动关系打下了坚实的基础。

第一节　中国对外直接投资的发展历程及特征

自1949年新中国成立起，国内企业就有了对外直接投资的准备与行动。然而，限于各种外界干预及内部阻碍，之后的对外直接投资进程并不如预期的那样理想。在1978年之前，我国的对外直接投资形式以国有专业外贸公司为主，运作的方式也仅是在海外建立办事处而已，缺乏新建等绿地投资，更难以开展连续性的后期投资追加。而该期间的投资主要是为了便利国内出口企业的对外出口而展开，即我国学者卢进勇[①]在其研究中所提到的贸易型对外投资。

随着1979年8月13日国务院颁布15项相关改革措施，改革开放思想逐渐生根发芽。在这15项措施中，第十三项措施明确写到允许我国的相关企业"出国办企业"，由此引发了一系列的重大变化。一些进出口企业由于长

① 卢进勇．入世与中国利用外资和海外投资[M]．北京：对外经济贸易大学出版社，2001：319.

期从事进出口业务，拥有了较为丰富的海外的资源与人脉，且较为了解海外的消费偏好、当地人文习俗以及政府的法律条文，因此，这些企业便率先在海外开设外销固定场所以及相应的海外办事处，便于国内外相关机构之间的交流。其中，1979年11月成立的京和股份有限公司，就是我国第一家境外合资企业，它的建立具有时代标志性意义，同时也是我国对外直接投资历史上的一个开端式标志。

改革开放以来，随着我国综合国力的不断增强以及外汇储备的持续增加，我国的对外直接投资更是迈上了一个新台阶。从早期零散的海外投资逐渐演变为大规模全球性的海外投资布局，并从战略性的角度对我国对外直接投资的空间区域性规划，无论是出于资源寻求型还是技术寻求型的投资目的，我国的对外直接投资都为我国今后的可持续性发展做出了很大的贡献。

具体地，自1978年改革开放的提出到2017年，根据我国对外直接投资的阶段性特征，可将我国的对外直接投资划分为如下几个阶段：第一阶段为1979—1984年，该阶段可称为我国对外直接投资的起步阶段；第二阶段为1985—1991年，该阶段可称为我国对外直接投资的探索阶段；第三阶段为1992—2001年，该阶段可称为我国对外直接投资的快速发展阶段；第四阶段为2002—2008年，该阶段可称为我国对外直接投资的高速发展阶段；第五阶段为2009—2017年，该阶段可称为我国对外直接投资的稳步发展阶段。

一、起步阶段

1979—1984年为中国对外直接投资的起步阶段。在该阶段初期，我国面临着社会主义经济建设，充分发挥市场经济的资源优化配置效应，提高广大群众的工作积极性与参与度。然而，作为开局之年，1979年我国的国内生产总值仅为2613.9亿美元（按当年价格计算），且人均国内生产总值还不足300美元，人均可支配收入更是少得可怜。为了更好地融入世界经济，虽然当时我国的外汇储备仅有8.4亿美元，国家仍然做了长远发展的部署。首先，通过我国的出口贸易赚取外汇；其次，通过我国对外的招商引资获取外汇，只有通过出口与引资积累足够的外汇储备，才谈得上后续的对外直接投资。此后，1979年11月，我国第一家中外合资企业正式成立，即京和股份有限公司，它是由我国北京市友谊商业服务公司与日本东京丸一商事株式会社共同创建的，是真正意义上的境外合资企业。在随后的几年，我国政府陆续颁布了三个与对外直接投资密切关联的规定及办法，包括《关于在国外开设合营企业的暂行规定》《关于在国外开设非贸易性企业的暂行规定》《中国对外投资开办非贸易性企业的暂行审批程序和管理办法》，这都为今后的发展打下了坚实的前期基础。

具体地，在该阶段，我国有113家企业加入对外直接投资的行列，它们主要投资于发展中国家以及我国的港澳地区，投资的行业则主要涉及餐饮业以及建筑工程承包行业。1979—1984年中国企业境外非贸易直接投资情况如表3-1所示。

表3-1　1979—1984年中国企业境外非贸易直接投资情况

年份	当年企业数（家）	累计企业数（家）	当年投资额（亿美元）	累计投资额（亿美元）	累计中方投资额（亿美元）
1979	4	4	0.012	0.012	0.005
1980	13	17	0.680	0.692	0.317
1981	13	30	0.070	0.760	0.320
1982	13	43	0.060	0.820	0.370
1983	33	76	0.190	1.010	0.460
1984	37	113	1.030	2.040	1.270

资料来源：转引自孙建中. 资本国际化运营——中国对外直接投资发展研究[M]. 北京：经济科学出版社，2000：85-87。

二、探索阶段

1985—1991年是中国对外直接投资的探索阶段。在该阶段的伊始，我国就颁布了《关于在国外开设非贸易性合资经营企业的审批程序和管理办法》，而在该办法的书面条款中，明确记录着“鼓励国内各企业、事业单位到国外举办合资经营企业”，这无疑为我国的对外直接投资发展注入了一针强心剂。在具体的办事操作上，该办法进一步简化了我国独有的审批手续，对于100万美元内的投资项目，可由其主办单位的上级部门向上申报征求同意。该办法一出，当年的项目审批增长迅速，一年就审批通过了76个对外投资项目。

在这一阶段末期，我国积累的海外投资额已增加到了31.49亿美元，投资的动机除出口创汇之外，还呈现出了增加国际交流合作、有效利用国外稀有资源等多元化目的，在投资布局上，投资涉及45个地区和更多行业门类。上述变化表明，我国企业的国际化经营正式起步。[①]1985—1991年中国企业境外非贸易直接投资情况如表3-2所示。

表 3-2 1985—1991 年中国企业境外非贸易直接投资情况

年份	当年企业数（家）	累计企业数（家）	当年投资额（亿美元）	累计投资额（亿美元）	累计中方投资额（亿美元）
1985	76	189	0.92	2.96	1.77
1986	88	277	1.11	4.07	2.30
1987	108	385	13.73	17.8	6.40
1988	141	526	1.18	18.98	7.15
1989	119	645	3.25	22.23	9.51
1990	156	801	1.67	23.90	10.58
1991	207	1008	7.59	31.49	13.95

资料来源：转引自孙建中．资本国际化运营——中国对外直接投资发展研究[M]．北京：经济科学出版社，2000：85-87。

三、快速发展阶段

1992—2001年是中国对外直接投资的快速发展阶段。在该阶段的初始年，党的十四大召开，在该次会议中我国正式提出了社会主义市场经济，这是一次历史性的会议，为今后我国的巨大变革与快速发展埋下了种子。通过将市场经济与我国社会主义制度相结合，激发企业的自主能动性，引入市场竞争机制，优胜劣汰，提高生产效率。在该概念被提出的当年，我国的对外直接投资金额就增加了3.56亿美元，市场活力被激发。

在随后的一段时间，我国面临了国内资源供不应求的局面，当时国内的

① 孙国辉.集团公司全球战略[M].北京：清华大学出版社，2005：188.

石油及矿石资源存在巨大的进口需求。为了我国经济的持续发展，对于原材料的需求就形成了当时的对外直接投资动机之一，即资源寻求型OFDI。从国家的资源战略安全出发，通过海外市场的巨大资源供给，可为我国的资源供应提供巨大的市场，这也是当时我国进一步推动对外直接投资的动因之一①。

然而，在该阶段中，随着亚洲金融危机的爆发，平稳的发展过程被斩断。始于泰国，后经马来西亚，最后终于在中国香港爆发的一场巨大金融危机，使我国的对外直接投资在1997年和1998年出现了大幅度的下降，发展速度放缓。

直到1999年，为恢复并促进我国的对外直接投资，政府发布了《关于鼓励企业开展境外带料加工装配业务的意见》，出口模式也由之前的来料加工向进料加工转变。其间，鉴于我国较为低廉的劳动力成本，轻工、纺织等家用电器机械电子以及服装加工等行业开始了这一轮的蓄力。

在此之后，2000年我国通过了《中共中央关于制定国民经济和社会发展第十个五年计划的建议》，初次明确了“走出去”战略的实施。该战略的提出为今后的对外直接投资奠定了政府支持基础，极大地鼓舞了国内企业的对外直接投资热情，同时也标志着我国OFDI发展进入了快速发展阶段。1992—2001年中国企业境外非贸易直接投资情况如表3-3所示。

表3-3　1992—2001年中国企业境外非贸易直接投资情况

年份	当年企业数（家）	累计企业数（家）	当年投资额（亿美元）	累计投资额（亿美元）	累计中方投资额（亿美元）
1992	255	1363	3.56	35.05	15.91
1993	294	1657	1.87	36.92	16.87
1994	106	1763	1.25	38.17	17.85
1995	119	1882	2.07	40.24	18.58
1996	103	1985	4.94	45.18	21.52
1997	158	2143	3.25	48.43	23.49
1998	253	2396	2.67	51.10	25.83

① 杨海恩.中国石油企业对外直接投资研究[D].武汉：武汉大学，2013.

续表

年份	当年企业数（家）	累计企业数（家）	当年投资额（亿美元）	累计投资额（亿美元）	累计中方投资额（亿美元）
1999	220	2616	6.19	57.29	31.74
2000	243	2859	6.22	63.51	37.25
2001	232	3091	7.90	71.41	44.33

资料来源：转引自董志凯.改革开放与跨国（地区）投资历程考察[J].桂海论丛，2013（1）：34-39。

四、高速发展阶段

2002—2008年为中国对外直接投资的高速发展阶段。2001年“走出去”战略的正式提出标志着中国对外直接投资正式步入了新的增长阶段。在该阶段，随着中国成功加入世界贸易组织（WTO），中国企业在面临更多发展机遇的同时也面临着更为激烈的国际竞争，那么如何更好地利用好国际、国内两种资源，如何培育我国的跨国企业并形成品牌效应，就成了该阶段各界热议的话题。

此时，为更好地实施“走出去”战略规划，我国政府在对外直接投资的管理体制和服务方面展开了较大变革。2004年，我国通过了《国务院关于投资体制改革的决定》，该决定标志着我国对外直接投资核准制的正式起步，相应地，管制被放宽，审批程序更为人性化。2005年，我国政府发布了《关于印发“对外经济技术合作专项资金管理办法”的通知》，采用直接补助以及贴息的方式对我国的对外直接投资企业进行政策性支持。随着《对外投资国别产业导向目录》《境外投资产业指导政策》《境外投资产业指导目录》的发布，我国对于企业的境外投资指标与服务更上一个台阶，对于那些初次探索国际市场的企业而言，无疑是异常重要的政府指导，为其境外投资提供了重要参考。

截至2008年，我国的境外企业数已达到12000家，投资遍布全球174个国家和地区，我国OFDI流量达到了559.10亿美元。经过改革开放近30年的探索与发展，我国的对外直接投资变得更均衡、更多元。无论是国有企业、有限责任公司还是股份制公司的投资主体多元化，还是商业服务、金融、批发零售、采矿等行业分布的多样性，都预示着我国当初对外直接投资布局的战略成功性。2002—2008年中国对外直接投资流量、存量与占比情况如表3-4所示。

表3-4 2002—2008年中国对外直接投资流量、存量与占比情况

年份	中国对外直接投资流量（亿美元）	占发展中国家对外直接投资流量比重(%)	占世界对外直接投资流量比重(%)	中国对外直接投资存量（亿美元）	占发展中国家对外直接投资存量比重(%)	占世界对外直接投资存量比重(%)
2002	25.18	5.64	0.48	371.72	3.96	0.47
2003	28.55	5.51	0.49	332.22	3.18	0.33
2004	54.98	4.84	0.60	447.77	3.69	0.38
2005	122.61	8.69	1.36	572.06	4.07	0.46
2006	211.60	8.72	1.48	750.26	4.01	0.48
2007	265.10	8.10	1.17	1179.11	4.53	0.61
2008	559.10	16.52	2.80	1839.71	7.13	1.11

资料来源：根据联合国贸易与发展会议数据库（UNCTAD Stat）相关数据计算得到。

五、稳步发展阶段

2009—2017年是中国对外直接投资的稳步发展阶段。在这一阶段，我国不仅经历了国际金融危机的恢复期，还面临了改革开放40周年的成果检验。虽然我国也受到了2008年国际金融危机的影响，出口面临着国外需求不足的窘境，但此时的对外直接投资逆势而上，表现出了不降反增的良好发展趋势。

在管理上，我国政府进一步放松了管制，对于境内机构在境外的投资及其形成的资产和相关权益等，不再进行强制的结汇措施，而是转为自愿结汇，进而采取外汇登记及备案制度[①]。我国外管局在2009年出台的《境内机构境外直接投资外汇管理规定》，使我国的对外直接投资更为便利。2012年，我国外管局在上述规定的基础上，又进一步地简化了资金汇回及境外放款外汇管理，同时还适当地放宽了个人对外担保管理。2014年，随着《境外投资

① 姚枝仲，李众敏.中国对外直接投资的发展趋势与政策展望[J].国际经济评论，2011（2）：127-140.

项目核准和备案管理办法》的通过，备案制管理在更多行业生效，这标志着我国对外直接投资的备案制全面开花。

顺应世界发展形势并借助国内有利政策，中国对外直接投资在当前阶段稳步发展。截至2017年底，中国对外直接投资流量突破1500亿美元，7年内增长了近2倍。值得注意的是，截至2014年底，我国的对外直接投资额第一次超过了我国的外商直接投资额，即OFDI>FDI，这使我国成了资本的净流出国，同时也是我国对外直接投资发展的重要里程碑，为我国改革开放40周年献礼。2009—2017年（现有最新的对外直接投资统计数据可查到的最新年份）中国对外直接投资流量、存量与占比情况如表3-5所示。

表3-5　2009—2017年中国对外直接投资流量、存量与占比情况

年份	中国对外直接投资流量（亿美元）	占发展中国家对外直接投资流量比重（%）	占世界对外直接投资流量比重（%）	中国对外直接投资存量（亿美元）	占发展中国家对外直接投资存量比重（%）	占世界对外直接投资存量比重（%）
2009	565.30	20.43	4.83	2457.55	8.31	1.25
2010	688.11	16.35	4.69	3172.11	9.10	1.49
2011	746.54	17.67	4.36	4247.81	10.66	1.94
2012	878.04	19.95	6.52	5125.85	11.14	2.14
2013	1010.00	22.24	7.16	6135.85	12.29	2.33
2014	1231.20	23.78	9.34	8826.40	16.43	3.56
2015	1456.70	35.61	9.88	10978.60	19.59	4.38
2016	1961.50	48.23	8.46	13573.90	22.14	5.52
2017	1582.90	51.51	11.1	18090.40	19.68	5.90

资料来源：根据联合国贸易与发展会议数据库（UNCTAD Stat）相关数据计算得到。

第二节　中国国内产业结构的指标构建与表现

从宏观层面来看，一个经济体的产业结构优化升级存在两个维度：一是产业间结构升级，二是产业内结构升级。然而，产业内结构升级又包括了两个层次：第一个层次为产业结构合理化，第二个层次为产业结构高度化。其

中，根据结构主义理论基础可知，产业结构合理化是指产业间的协调度、结构聚合及资源配置效率；产业结构高度化则更多地强调产业结构水平提升的程度。产业结构的高度化和合理化在演进的过程中，既存在相互促进，也存在相互冲突。在这种情况下，若生产要素可自由充分流动，或者是生产要素进行配置时遭受到的外部干预比较小，产业结构合理化和产业结构高度化在通常情况下是一致的；但在一些特殊情况下，如果生产要素流动受阻，资源配置效率下降，此时的产业结构合理化可能就很难达到，但本国的产业结构高度化水平仍可能在这一过程中得到提升。然而，需要注意的是，傅元海等[①]研究发现，在这种情况下，产业结构的升级趋势往往难以持续。因而，产业结构高度化和产业结构合理化是同等重要的，均是一国产业结构升级的重要方面。

一、产业间结构升级指标体系构建

根据产业结构升级的宏观定义，我们可以从概念中了解到，主体产业从第一产业渐渐向第二、第三产业转移，以及就业人口从第一产业向第二、第三产业集聚的过程，就表现出了产业结构的升级。由此可见，产业结构的升级同时包含了主体产业结构和就业结构的变化。

针对该问题，国内学者陈万灵和杨永聪（2014）、汤婧和于立新（2012）以及杨晓猛（2006）在研究产业结构问题时，就已涉及了指标体系的设计与构建。具体地，他们将产业结构的指标分为了目标层、指标层和领域层三个层次，通过引入子指标及其权重，可以较好地反映我国产业结构的升级。因此，在借鉴上述研究成果的基础上，并结合产业结构升级的定义，本章对已有的产业结构调整升级指标体系做出了适当的修改。

如表3-6所示，本书的目标层为产业结构升级，在领域层中引入“三大产业贡献率”以及“三大产业就业分布结构”，并赋予了两者相同的权重0.50。在指标层中，依次引入三个指标，具体包括权重为0.25的“第一产业产值对GDP的贡献率”，权重为0.35的“第二产业产值对GDP的贡献率”，

① 傅元海，叶祥松，王展祥.制造业结构优化的技术进步路径选择——基于动态面板的经验分析[J].中国工业经济，2014（9）：78-90.

以及权重为0.40的“第三产业产值对GDP的贡献率”。借鉴杨晓猛（2006）的做法，通过赋予第二、第三产业更大的比重来反映产业结构升级的方向和内涵。本书数据的时间跨度为1979—2017年。

表3–6　产业结构升级的指标体系构建

目标层	领域层	指标层
产业结构升级	三大产业贡献率（0.50）	第一产业产值对GDP的贡献率（0.25）
		第二产业产值对GDP的贡献率（0.35）
		第三产业产值对GDP的贡献率（0.40）
	三大产业就业分布结构（0.50）	第一产业就业人数占总就业人数比重（0.25）
		第二产业就业人数占总就业人数比重（0.35）
		第三产业就业人数占总就业人数比重（0.40）

注：括号内数字为相应的权重。各产业对于国内生产总值的贡献率及各产业就业人数占比的数据均来源于历年的《中国统计年鉴》。

根据表3–6的指标体系，按照指标层—领域层—目标层的顺序，通过加权求和的统计方法，我们可以计算出我国在1979—2017年产业结构升级的时间趋势，具体的计算结果如表3–7所示。

表3–7　1979—2017年产业间结构升级指数　　单位：%

年份	三大产业贡献率	三大产业就业比重	产业结构升级指数
1979	34.10	28.65	31.38
1980	36.41	28.79	32.60
1981	33.14	28.87	31.00
1982	32.73	28.87	30.80
1983	34.24	29.00	31.62
1984	33.96	29.41	31.68
1985	36.29	29.60	32.94
1986	35.78	29.77	32.77
1987	35.64	29.89	32.76
1988	36.07	29.99	33.03
1989	35.19	29.91	32.55
1990	31.73	29.92	30.82
1991	35.79	29.98	32.88

续表

年份	三大产业贡献率	三大产业就业比重	产业结构升级指数
1992	35.51	30.14	32.82
1993	35.54	30.42	32.98
1994	35.62	30.72	33.17
1995	35.42	31.02	33.22
1996	35.43	31.25	33.34
1997	36.00	31.33	33.67
1998	35.82	31.36	33.59
1999	36.21	31.34	33.77
2000	36.30	31.38	33.84
2001	36.90	31.39	34.14
2002	36.79	31.43	34.11
2003	36.57	31.56	34.06
2004	36.21	31.84	34.03
2005	36.61	32.09	34.35
2006	36.78	32.35	34.57
2007	37.02	32.54	34.78
2008	36.68	32.70	34.69
2009	36.73	32.90	34.81
2010	36.58	33.06	34.82
2011	36.73	33.31	35.02
2012	36.71	33.45	35.08
2013	36.85	33.79	35.32
2014	36.48	33.79	35.14
2015	36.60	34.08	35.34
2016	36.76	34.21	35.49
2017	36.79	34.41	35.60

资料来源：笔者对原始数据进行简单计算得到。

从表3–7可以看出，中国的产业结构状况在1979—2017年总体呈现快速推进之势。其中，在1979—1990年产业结构变动的幅度较大，尤其是在20世纪80年代后90年代初，受物价上涨、经济过热、国内政治不稳定因素增多以及国际环境风云变幻等因素影响，国内对经济进行治理整顿的力度加大，采取了一系列措施消除经济过热、遏制通货膨胀，如压缩投资规模、控制信贷规模、整顿流通领域、增加有效供给等。这在一定程度上降低了工商业的经济增长率，使以三大产业比重作为衡量指标的产业结构水平在这一时期呈现出显著下降的趋势。但在1990年后，中国经济逐步恢复，尤其是工商业得以持续发展，从而国内的产业结构水平在小幅波动中持续提升（见图3–1）。

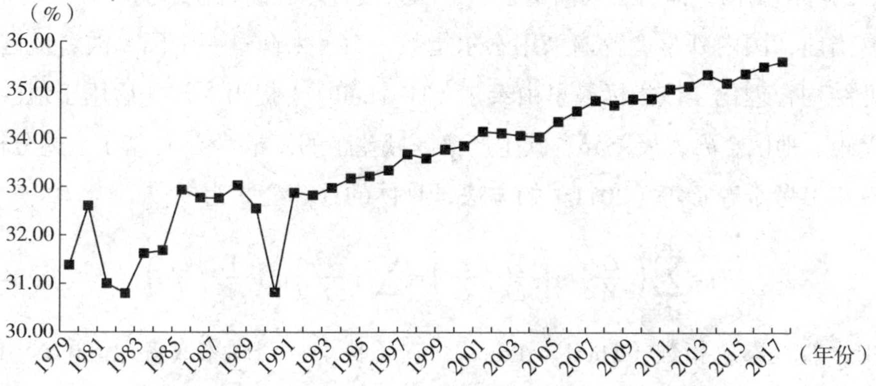

图 3–1 1979—2017 年中国产业间结构升级指数

二、产业内结构升级指标体系构建

（一）产业结构合理化的衡量

产业结构合理化反映的是产业间的协调程度。通过对结构偏离度的测算，可以分析出我国产业结构合理化指数。具体地，该指标的计算公式为

$$Indus=\sum_{i=1}^{n}\left|\frac{Y_i/L_i}{Y/L}-1\right|=\sum_{i=1}^{n}\left|\frac{Y_i/Y}{L_i/L}-1\right| \tag{3–1}$$

其中，*Indus* 为结构偏离度，即 *Indus* 值越大，表明一国的产业结构越是偏离均衡状态，产业结构的不合理程度也就越高；反之则会越低。也就是说，该指标与产业结构合理化程度呈反比例的关系。式中，n=1，2，3，…，N，代表一个国家或者地区的产业部门个数，Y_i 代表一个国家或者地区的产业产值，而 L_i 则代表一个国家或者地区的就业人口数，相应地，Y_i/L_i 表示一个国家或者地区的人均产值。

据古典经济学的假设可知，在均衡状态时，一个国家或者地区所有产业

部门的生产率水平相近，此时式中的分子与分母相同，相应地，产业结构合理度指标就为零。然而，在现实经济运行中，经济非均衡现象是一种很常见的情况，因此变量*Indus*不可能为零，并且这一现象在发展中国家表现得更为突出。为了进一步反映产业结构合理化的内涵，将式（3-1）进行整理。调整后的公式中，分子与分母分别用Y_i/Y以及L_i/L表示。前者衡量了一个国家或者地区的产出结构，而后者则衡量了一个国家或者地区的就业结构。

当前，国内外学者普遍采用泰尔指数（*TI*）来衡量一个国家或者地区的产业结构合理化。该指标最早由泰尔（H. Theil）①提出，被先后用于地区收入差距、地区金融发展差异、碳生产率区域差距的衡量②③④。基于上述分析，本章将参考干春晖等（2011）的方法，具体的计算公式为

$$TI=\sum_{i=1}^{n}\left(\frac{Y_i}{Y}\right)\ln\left(\frac{Y_i}{L_i}/\frac{Y}{L}\right)=\sum_{i=1}^{n}\left(\frac{Y_i}{Y}\right)\ln\left(\frac{Y_i}{Y}/\frac{L_i}{L}\right) \qquad (3-2)$$

其中，*TI*是泰尔指数（Theil's index），它反映了一个国家或者地区的产出结构和就业结构。该指数较好地保留了结构偏离度的良好内涵，还省去了结构偏离度公式中绝对值计算不便带来的麻烦。同时，通过对不同产业的权重系数构建，可以较好地衡量一国或者地区产业结构合理化程度，是一个优良的测度指标。*TI*不为零表明产业结构偏离了均衡状态，且*TI*值越大表示一国或者地区产业结构不合理的程度越高；反之，则表示一国或者地区的产业结构不合理程度越低。

（二）产业结构高度化的度量

产业结构高度化水平反映的是一国产业结构提升的程度，它更注重产业内部各个部门之间在结构上的升级水平高低和发展趋势。回顾现有的国内外

---

① Theil H. Economics and information theory [M]. Amsterdam: North-Holland Publishing Co., 1967.

② 彭定贇，王磊. 财政调节、福利均等化与地区收入差距——基于泰尔指数的实证分析 [J]. 经济学家，2013（5）：21-28.

③ 赵伟，马瑞永. 中国区域金融增长的差异——基于泰尔指数的测度 [J]. 经济地理，2006（1）：12-15.

④ 潘家华，张丽峰. 我国碳生产率区域差异性研究 [J]. 中国工业经济，2011（5）：47-57.

研究文献不难发现，学者们大多采用多维度的指标来衡量产业结构高度化。例如，根据配第－克拉克定律，陈万灵和杨永聪（2014）以及刘宇[①]采用了非农产值占总产值的比重进行衡量。赵佳佳和王建林（2014）以及朱劲松和刘传江[②]采用霍夫曼系数来衡量一国的产业结构高度化。随着世界经济结构的变迁，“经济服务化”时代已经悄然来临，伴随着该现象，一国或者地区的服务产业在经济结构中的地位迅速提升。除此之外，在ICT快速发展下，高知识化、高技术化、高附加值化的“三化”重要性层层加码，并成为当今产业结构升级的重要标志。

因此，在借鉴吴敬琏[③]以及樊福卓[④]研究方法的基础上，本书将产业结构高度化指标进行了设定，相应的计算公式为

$$UI=\sigma(V_3/V_2)+(1-\sigma)(V_H/V_T) \tag{3-3}$$

其中，UI是产业结构高度化指数（Industrial Structure High-Ranking），V_3和V_2分别代表一国或者地区的第三产业产值和第二产业产值，V_{H}和V_{T}分别代表高新技术产业产值和工业总产值。σ代表权重，为表示平均思想，这里将各自的权重均取为0.50。

三、中国产业结构合理化和高度化的演进特征

根据以上两个小节的计算公式，在数据可得的基础上，我们可以得到UI和TI指标的计算结果。相应地，1995—2013年中国产业结构变迁历程如图3-2所示[⑤]。

① 刘宇．外商直接投资对我国产业结构影响的实证分析——基于面板数据模型的研究[J]．南开经济研究，2007（1）：127-136.

② 朱劲松，刘传江．重新重工业化对我国就业的影响——基于技术中性理论与实证数据的分析[J]．数量经济技术经济研究，2006，23（12）：82.

③ 吴敬琏．中国增长模式抉择（增订版）[M]．上海：上海远东出版社，2008.

④ 樊福卓．中国工业的结构变化与升级：1985—2005[J]．统计研究，2008（7）：21-27.

⑤ 由于1995年以前高新技术产业的数据无法获得，因此产业结构合理化与产业结构高度化的数据始自1995年。

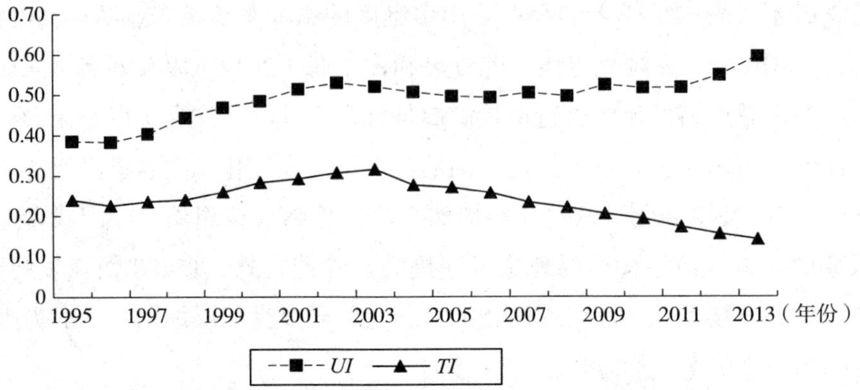

图 3-2　1995—2013 年中国产业结构变迁历程

从图3-2可以看出，在整个研究区间内，中国产业结构高度化指数在波动中呈总体上涨的趋势，而泰尔指数则在连续7年小幅上升之后开始出现持续下降的态势。根据泰尔指数发展趋势的变化，中国产业结构变迁可以划分为两个阶段。第一个阶段为1995—2002年，此时*UI*和*TI*都在增加，由此我们可以知道，中国产业结构高度化水平有所提升，但产业结构的不合理性却很明显①。第二个阶段为2003—2013年，此时*UI*小幅上升，而*TI*却表现出快速下降的特征，尤其是在2003年之后。根据该图的发展趋势可知，自2003年以来，中国产业结构的高度化水平持续提升，同时产业结构合理化也不断加强。这一结果主要得益于两方面的因素：一是21世纪初中国正式加入WTO，标志着中国开始进入全面融入全球生产体系的发展阶段，并通过充分发挥国内劳动力、土地等成本优势推动国内制造业迅速发展，这一过程也伴随着国内劳动力由农业向工业大规模、持续性地转移。与此同时，国内的产业政策、贸易政策和人口政策同时发力，支持国内工业和服务业协调发展，并显著放松了国内劳动力跨区域流动的政策限制，为农村富余劳动力向第二、第三产业转移就业提供了更多机遇。二是中国“走出去”战略的正式提出和实施为提升中国经济开放水平、开放领域和开放程度提供了新的窗口。

① 另一个原因是数据统计的缺陷。20世纪90年代，中国的农民工群体开始兴起，他们虽多从事第二、第三产业的工作，但身份仍属农民，被统计为第一产业的就业人数，因此也造成了数据所呈现出的中国产业结构与就业结构的错配，从而带来产业结构不合理化程度的强化。

中国对外直接投资在这一阶段获得高速发展，使得中国在立体化开放格局中能更有效地利用国外资源、技术和经验促进国内产业，尤其是制造业的发展，同时不断提升中国高新技术产业和服务产业的进步。值得注意的是，上述的行为和政策，一方面在一定程度上对国内产业结构的不合理性进行了调节，另一方面促进了国内产业结构的高度化。从时间上看，中国产业结构合理化和高度化在波动中改善。然而，我国产业结构高度化和产业结构合理化在地域的分布上，存在着“东高西低”的差距性，空间异质性较为明显。我国东部沿海地区，其经济发展较早，具有良好的产业结构，尤其是服务业发展处于全国领先地位，北京、上海及广州的服务业产值一直排名全国前列；而西部地区的服务业发展则较为滞后，产业结构上服务业占比不高，尤其是现代生产性服务业，对于地区的产业贡献度仍较低。

第三节 中国对外直接投资与产业发展的独特性

与美欧等发达国家不同，中国作为世界上最大的发展中国家，其经济发展是在国际化、市场化、工业化三者之间往复交织、共同推进。中国辽阔的国土面积、差异显著的自然地理条件和经济发展水平，使得中国自东向西、由南向北，不同地域间的对外直接投资和产业结构水平在发展阶段和运行方式上也不是完全相同的。在这种特殊的经济发展情况下，就形成了特殊的对外直接投资与产业结构升级的关联特性。

一、中国市场化改革与对外直接投资政策变迁

许文彬[①]在其研究中指出，1978年在党的十一届三中全会上，我国提出了改革开放的伟大战略部署，由此结束了为期近40年的计划经济体制。这不仅是我国经济组织形式的巨大转变，还重塑了我国微观经济主体和宏观经济制度。

① 许文彬．中国经济转轨的长期考察：一个新视角[J]．经济学动态，2011（9）：27–31.

首先，在国家行政管理体制上，我国率先破除了原有的计划经济体制。在企业的经营对象上，同时允许非国有部门的发展，通过引入市场竞争提高经济主体的生产效率，以缩小计划覆盖范围，尤其是在1992年我国正式确立了社会主义市场经济体制①。

其次，黄少安②指出，中国市场化进程源于政府有意识的渐进式的推进。在其深化过程中，面对对外直接投资，政府的主体参与和规划性质在不断地弱化，政府的指导性与服务性更强，而以非国有企业为主体的民营企业在此时扮演了我国对外直接投资的参与角色。

最后，我国的微观行为主体交易面临了更大范围内的资助选择权，其经营效率有了明显的提升，并逐渐成为市场化改革的先锋军。

作为一国资本流动的高级形式，对外直接投资是一国或者地区的市场化进程发展到一定阶段后的产物。现实中，我国的对外直接投资在改革开放前期及初期仍然处于一种被高度管制的状态，且存在的意义在于促进贸易便利化。随后历经多次调整后，终于在21世纪开年提出了“走出去”的发展战略。在后续对外直接投资政策不断简化的过程中，备案制的出台，极大地放松了政府对中国对外直接投资的管控。与中国对外直接投资管理体制同步推进的还包括对外直接投资额度上限的放宽、审批程序的简化、审批时间的缩短以及诸如结算、保险、税收等配套措施的完善，这也促使中国企业进行对外直接投资的需求被有效释放与引导，从而需求不断增加。另外，就我国对外直接投资的空间属性而言，其发展并不平衡，且在总体上呈现出显著的“东高西低”格局。③2011年时，我国的广东、浙江、北京、上海、江苏和山东等东部省份基本实现了对外直接投资流量总额50%以上的高增长，而在2013年时，这一趋势继续得到加强，东部地区对外直接投资流量甚至占到了地区OFDI流量的80%以上。

综上可知，在我国OFDI时空运行中，最重要的制度背景包括了我国经

---

① 杨开忠，陶然，刘明兴．解除管制、分权与中国经济转轨[J]．中国社会科学，2003（3）：4–17.

② 黄少安．关于制度变迁的三个假说及其验证[J]．中国社会科学，2000（4）：37–49.

③ 郑展鹏．中国对外直接投资的地区差异、影响因素及溢出效应研究[D]．武汉：华中科技大学，2013.

济转型以及OFDI的政策演进，同时还有其他在空间维度上的非均衡性和时间维度上的渐进性。

二、中国工业化进程与产业结构演进

一个国家或者地区的工业化，往往表现出由以农业经济为主，向以工业经济为主进行转变。在这一过程中，通常伴随着工业部门收入和劳动人口在国民收入和劳动总人口中所占比重的持续上升。然而，黄群慧[①]指出，工业化是对一个国家或者地区经济发展和现代化进程的综合表现。

对于我国而言，在其工业化进程中，第一产业就业劳动力占比和产值比重正不断减少，中国的经济结构逐步实现了由以农业为主导向以服务业和工业为主导的转变。同时，我国的国内需求层次和结构也在不断升级。高煜和刘志彪（2008）[②]曾在其研究论文中指出，我国的需求结构逐渐由政府需求向市场需求、由低级需求向高级需求、由消费需求向生产需求转换。由此我们可知，工业化进程往往与一国产业结构演进关系十分密切。

然而，由于中国地区间的资源禀赋、工业发展基础和经济发展战略等方面存在着差异，不同地区之间的工业化进程推进程度是极不平衡的。这样的产业结构分布，就形成了我国东部地区、中部地区和西部地区依次降低的区域梯度差，且不同省份的工业化程度也存在着巨大的差异。中国地区间产业结构水平的巨大差异之所以存在，与同一时期中不同地区间存在着工业化不同阶段有关，其时空的并存性导致了当下我国的工业化进程梯度性。

很明显，在该背景下，中国产业结构升级的时空运行特征具有工业化推进的地区不平衡性以及产业结构发展阶段的显著区域差异两个并存特点。

三、国际化、市场化和工业化交织推进

自20世纪80年代以来，全球经济联系加紧，经济全球化可谓是深入人心。无论是对外贸易，还是国际投资，都需要全球性眼光。在资本全球性流动过程

---

① 黄群慧. 中国的工业化进程：阶段、特征与前景[J]. 经济与管理，2013（7）：5–11.

② 高煜，刘志彪. 我国产业结构演进特征及现实问题：1978—2006[J]. 改革，2008（1）：73–79.

中，跨国公司开始了其全球性资本扩张运动，国际化分工还形成了国际生产网络。在此背景下，中国对内改革，对外开放，不仅提出了“走出去”的发展战略，还创新性地提出了“一带一路”倡议，由此我国的国际化、市场化与工业化开始不断地相互交织、相互促进，形成了我国独创的经济发展轨迹。

就我国三大地区的分布而言，东部地区的社会经济发展水平最发达，中部地区次之，西部地区较落后；同样地，东部地区的经济发展速度最发达，中部地区次之，西部地区较落后；产业布局上，东部地区的第二产业和第三产业较为发达，中部地区的第二产业则占有较大的比重，而西部地区的第一产业比重最大。无论是早期地理条件造成，还是后期政策性调控，现有的地区间发展差距都会在很长一段时间内存在。这种非均衡性的并存，就在一定程度上导致了我国省际产业结构和对外直接投资发展水平的多层次性特征。由该多层次性特征所形成的产业梯度分布中，我国产业表现出了国际国内“双转移”的特征，既存在着国内不同地区间的梯度产业转移，也存在着国际上的产业承接与转移过程并存的局面。

在该过程中，处于后工业化阶段省份的对外直接投资，在投资金额上往往较大，在投资动机上以市场需求、资源扩展及效率提升为主。与之相反的是，处于工业化中后期阶段省份的对外直接投资不仅投资额较小，而且更多地表现为资源寻求型和市场寻求型等发展中国家对外直接投资动机。

因此，处于市场化、工业化和国际化交织推进的经济运行背景和国土辽阔、地区特征差异明显的空间格局中，中国对外直接投资与产业结构发展具有不同于发达国家和大多数发展中国家独特的时空运行特征，这在很大程度上决定了中国对外直接投资对国内的产业结构升级调整的作用机制在宏观和微观层面具有一定的特殊性。

第四节　本章小结

本章首先对中国对外直接投资的发展历程及特征进行了归纳总结，并将中国对外直接投资的整个发展历程划分为五个阶段，具体包括起步阶段

（1979—1984）、探索阶段（1985—1991年）、快速发展阶段（1992—2001年）、高速发展阶段（2002—2008年）和稳步发展阶段（2009—2017年）。其次通过指标体系的构建与测算，分析了中国国内产业结构的变化规律，且以2003年为界将研究期间分为两段：前期中国产业结构高度化水平不断提升，但产业结构的不合理性却日益严重；后期即2003年以来中国产业结构的高度化水平持续提升，同时产业结构合理化也不断加强。另外，在地域空间分布上，各地区的产业结构高度化和合理化的异质性较大。最后报告分析了中国对外直接投资与产业发展的独特性。由于中国自东向西、由南向北，不同地域间的对外直接投资和产业结构水平在发展阶段和运行方式上各不相同，就造成了其特殊性。第一，在我国OFDI时空运行中，最重要的制度背景包括了我国经济转型以及OFDI的政策演进，同时还有其他空间维度上的非均衡性和时间维度上的渐进性；第二，工业化推进的地区不平衡性和产业结构发展阶段的显著区域差异；第三，处于市场化、工业化和国际化交织推进的经济运行背景和国土辽阔、地区特征差异明显的空间格局，这些都使中国对外直接投资对国内产业结构升级的作用机制在宏观层面和微观层面具有一定的特殊性。

第四章　中国对外直接投资与国内产业结构升级的一般关联

中国对外直接投资与国内产业结构变化在运行态势上表现出一定的变动关系（同化）。不难发现的是，在不断提出的众多的国内投资政策中都有表达出希望利用对外直接投资可以发挥对国内产业结构的促进作用的倾向。

这一点在许多地方都可以体现出：其一，在“十五”计划纲要阐释“走出去”战略的表述中，反映出“走出去”战略明确支持企业到境外开发国内稀缺的资源，利用优势互补来提升可用自然、智慧资源空间，创造并提升国际经济合作与竞争的优势处境，同时也刺激企业以研发和设计为目的在国外建立基础设施。其二，党的十六大以来，中国“走出去”与“引进来”战略并重的局面逐渐形成。中国实行更加积极主动的开放战略，在更大范围、更广领域和更高层次上参与国际经济技术合作和竞争，以开放促进国内改革与发展。党的十七大和十八大报告在此基础上强调了中国要通过“走出去”培育中国跨国公司和国际知名品牌的战略意图。2014年政府工作报告再次提出在“走出去”中提升竞争力，通过实施一批重大支撑跨国项目，拓展中国国际经济技术合作的新空间。

从上面所列举的国家政策给予的对外投资的推动和指引的例子都在一定程度上把两者联系在了一起，因此，中国对外直接投资对国内产业结构升级究竟可以呈现出怎样的关联性，其关联强度和关联特征如何？需要提出的是，从实际角度出发，在中国涉足对外直接投资活动时间落后于很多国家的限制下，这里采集研究的数据时间轴有一定的限度，所以缩小样本数据进行小样本数据分析的灰色关联方法依次对上述两者关系的阶段特征进行分析更为有效合理。

第一节　灰色关联分析和灰色关联度的测度方法

选择合适恰当的统计计量分析方法可以有效解决我们所面临的基于中国对外直接投资起步较晚，取得数据的时间轴相对有限的约束问题。相较于大多数计量统计方法所要求的大样本的基本要求来说，最突出的弊端在于无法在此约束下满足课题中有关观察和探讨分析中国对外直接投资与国内产业结构演进的阶段特征的需要。相比之下，这里所要采取的灰色关联分析反而能在已有信息的基础上针对小样本的限定较为准确地反映出中国对外直接投资与国内产业结构演进的阶段特点，克服问题的同时还可以为下文进一步检验中国对外直接投资对国内产业结构升级的作用路径和作用效果提供基础支撑。

一、灰色关联分析法的优势

灰色系统理论是研究“少数据、贫信息不确定性问题”的一种方法，通过对“部分”已知信息的挖掘，提取有效信息，进而“实现对系统运行行为、演变规律的正确描述和有效监控”①。进行灰色系统分析需要满足几条基本原理，即差异信息原理、解的非唯一性原理、最少信息原理、认知根据原理、新信息优先原理和灰性不灭原理②。灰色关联分析是灰色系统理论中十分活跃的一个分支，它对于数据量的大小和样本有无明显规律均无特别要求，尤其可以有效弥补在数据量小、数据波动频繁情况下进行数理统计分析所导致的缺憾。灰色关联分析的基本思路是通过线性插值法将系统因素的离散行为观测值转化为分段连续的折线，在参考折线几何特征的基础上构建系统因素关联模型③。从实践出发，灰色关联度是被采用作为结果表示的较为广泛的标准，针对它的指标主要含有灰色绝对关联度、灰色相对关联度以及灰色综合关联度。

① 刘思峰，杨英杰，吴利丰，等．灰色系统理论及其应用（第七版）[M]．北京：科学出版社，2014：1.

② 邓聚龙．灰色控制系统[M]．武汉：华中工学院出版社，1985.

③ 刘思峰，杨英杰，吴利丰，等．灰色系统理论及其应用（第七版）[M]．北京：科学出版社，2014：64.

二、关联度测度方法选择及主要计算步骤

依次按照以上提出的三种灰色关联度下的指标，分别针对灰色绝对关联度、灰色相对关联度以及灰色综合关联度来展开分析。

首先，两序列作为前提，在使用计算这三种不同关联度时，要第一时间考虑设定。其中两个序列分别是：比较序列为$X_i=[x_i(1), x_i(2), \cdots, x_i(n)]$，参照序列为$X_0=[x_0(1), x_0(2), \cdots, x_0(n)]$。这两个序列的初值均不为零且具有相同的数据长度。

（一）灰色绝对关联度

求参照序列和比较序列的始点零化像X_0和X_i。

$$X_0^0=[x_0(1)-x_0(1), x_0(2)-x_0(1), \cdots, x_0(n)-x_0(1)] \tag{4-1}$$

$$X_i^0=[x_i(1)-x_i(1), x_i(2)-x_i(1), \cdots, x_i(n)-x_i(1)] \tag{4-2}$$

定义$s_0=\int_1^n X_0^0 \mathrm{d}t=\int_1^n [X_0-x_0(1)]\mathrm{d}t$；$s_i=\int_1^n X_i^0 \mathrm{d}t=\int_1^n [X_i-x_i(1)]\mathrm{d}t$

因此灰色绝对关联度便为

$$\varepsilon_{0i}=\frac{1+|s_0|+|s_0|}{1+|s_0|+|s_i|+|s_i-s_0|} \tag{4-3}$$

绝对关联度的得出在于利用两序列的关联程度与X_0和X_i的几何形状和各序列中观测值的大小的关系来反映参考序列X_0与比较序列X_i的相似程度，体现了绝对关联度的特点。

（二）灰色相对关联度

在参照序列和比较序列的基础上，分别对两序列进行初值化处理，求得X_0和X_i，见式（4–4）和式（4–5）。

$$X_0'=[x_0(1)/x_0(1), x_0(2)/x_0(1), \cdots, x_0(n)/x_0(1)] \tag{4-4}$$

$$X_i'=[x_i(1)/x_i(1), x_i(2)/x_i(1), \cdots, x_i(n)/x_i(1)] \tag{4-5}$$

再求经初值化处理后的X_0和X_i的始点零化像，即$X'_0-x'_0(1)$和$X'_i-x'_i(1)$，其中$x_0'(1)=x_i'(1)=x_0(1)/x_0(1)=x_i(1)/x_i(1)=1$。定义：$s_0'=\int_1^n[X'_0-x_0'(1)]\mathrm{d}t$和$s_i'=\int_1^n[X'_i-x_i'(1)]\mathrm{d}t$。最后，灰色相对关联度的计算公式为

$$\gamma_{0i}=\frac{1+|s_0'|+|s_0'|}{1+|s_0'|+|s_i'|+|s_i'-s_0'|} \tag{4-6}$$

灰色相对关联度主要反映的是参考序列X_0与比较序列X_i相对始点变化速率的接近程度，它与序列中各观测值的大小无关，只与两序列相对始点的变化速率有关。

这里要说明的是，在参考序列X_0与比较序列X_i量纲一致的情况下，灰色绝对关联度与灰色相对关联度虽然在具体数值上有所差异，但在长时间变动的趋势上有较强的运行一致性。

（三）灰色综合关联度

灰色绝对关联度和灰色相对关联度的加权平均值见式（4–7）。

$$\rho_{i0}=\theta\varepsilon_{i0}+(1-\theta)\gamma_{i0} \tag{4-7}$$

其中，ε_{i0}和γ_{i0}分别代表两序列的绝对关联度和相对关联度，$\theta\in[0,1]$。灰色综合关联度则是较为全面表征序列是否联系紧密的综合指标。

在参考序列ε_{i0}与比较序列γ_{i0}量纲一致的情况下，三种关联度指数均可从不同方面反映两序列的关联关系，且具有较强一致性；但如果两大序列的数据量纲不一致，则需要根据序列数据的特征对关联度指数进行有效选择。

在本书中，产业结构升级指数的量纲为百分比，而对外直接投资净额的量纲为亿美元，量纲差异明显（见表4–1）。此外，产业结构升级指数序列和对外直接投资净额序列中观测值波动差异显著，如1979年中国产业结构升级指数值为31.38%，对外直接投资为0.01亿美元，但到2013年产业结构升级指数升至35.32%，而对外直接投资则高达6135.85亿美元。另外，从两序列数据性质上看，一国产业结构升级是一个相对漫长的过程，与本国对外直接投资的发展速度难以同日而语，两者本身的运行性质存在明显区别。因此，为了更好地反映两序列的关联关系，需首先剔除由两序列绝对值本身带来的影响，即能较好地反映两序列相对变化关系的灰色相对关联度是衡量中国对外直接投资与国内产业结构升级关系的最佳指标。

表 4-1　1979—2017 年中国对外直接投资与产业结构升级数据

年份	产业结构升级（%）	对外直接投资（亿美元）
1979	31.38	0.01
1980	32.60	0.32
1981	31.00	0.39
1982	30.80	0.44
1983	31.62	1.37
1984	31.68	2.71
1985	32.94	9.00
1986	32.77	13.50
1987	32.76	19.95
1988	33.03	28.45
1989	32.55	36.25
1990	30.82	44.55
1991	32.88	53.68
1992	32.82	93.68
1993	32.98	137.68
1994	33.17	157.68
1995	33.22	177.68
1996	33.34	198.82
1997	33.67	224.44
1998	33.59	250.78
1999	33.77	268.53
2000	33.84	277.68
2001	34.14	346.54
2002	34.11	371.72
2003	34.06	332.22
2004	34.03	447.77
2005	34.35	572.06
2006	34.57	750.26
2007	34.78	1179.11
2008	34.69	1839.71
2009	34.81	2457.55
2010	34.82	3172.11
2011	35.02	4247.81

续表

年份	产业结构升级（%）	对外直接投资（亿美元）
2012	35.08	5125.85
2013	35.32	6135.85
2014	35.14	8826.40
2015	35.34	10978.60
2016	35.49	13573.90
2017	35.60	18090.40

资料来源：对原始数据进行简单计算得到。中国对外直接投资的数据主要来源于联合国贸易与发展会议数据库，其中 1979 年的缺失数据和 1980 年明显失实的中国对外直接投资数据分别用《中国对外经济贸易年鉴》中的对应数据进行替代。

第二节 中国对外直接投资与国内产业结构升级的阶段关联

中国对外直接投资与国内产业结构变迁均具有较为明显的阶段发展特征，那两者随时间推移而变动的趋势是否在不同阶段存在不同的关联特征？因此，本节将首先考察两者的阶段相关性。

一、中国对外直接投资与国内产业结构升级的相对关联度

遵循灰色相对关联度的计算方式的第一步前提，首先设定产业结构升级指数序列为参考序列 X_0，其次设定对外直接投资净额数据序列为比较序列 X_i，如下所示

$$X_0=[x_0(1),\ x_0(2),\ \cdots,\ x_0(39)]=(31.38,\ 32.60,\ 31.00,\ 30.80,\ \cdots,\ 35.60)$$

$$X_i=[x_i(1),\ x_i(2),\ \cdots,\ x_i(39)]=(0.01,\ 0.32,\ 0.39,\ 0.44,\ 1.37,\ \cdots,\ 18090.40)$$

进行初值化处理并求始点零化像得到

$$X'_0=(1.0000,\ 1.0389,\ 0.9815,\ 1.0076,\ \cdots,\ 1.1345)$$

$$X'_i=(1.0000,\ 32.0000,\ 39.0000,\ \cdots,\ 1809040)$$

$X''_0 = X'_0 - x'_0(1) = (0.0000，0.0389，-0.0121，-0.0185，0.0076，\cdots，0.1256)$

$X''_i = X'_i - x'_i(1) = (0.0000，31.0000，38.0000，43.0000，\cdots，613584.0000)$

根据X'_0和X'_i求得S_0和S_i并代入式（4-6），自然得到中国对外直接投资与国内产业结构升级指数的相对关联度。

最后把所有数据以中国对外直接投资的发展阶段的特点为标准将特征性阶段划分为1979—1984年、1985—1991年、1992—2001年、2002—2008年和2009—2017年五个阶段。目的在于考察并展示中国对外直接投资与产业结构升级所具有的明显的阶段性特征。

这五个阶段灰色相对关联度如图4-1所示。

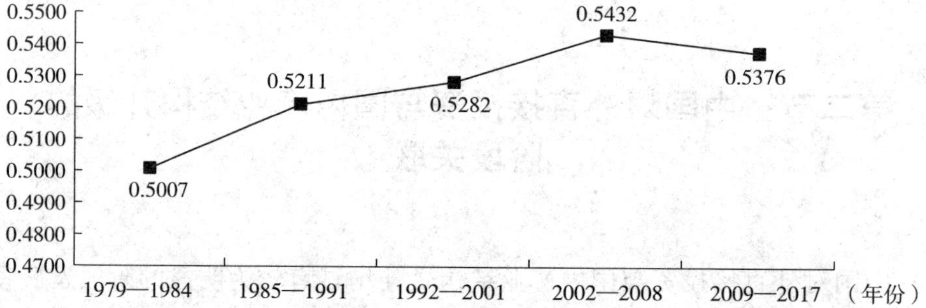

图 4-1　中国对外直接投资与国内产业结构升级宏观指数的相对关联度

二、中国对外直接投资与国内产业结构升级的阶段关联

从图4-1可以知道，随着时间的推移，五个阶段的国内产业结构升级指标和中国对外直接投资呈现出关联度增加的倾向，并且上升的幅度是可观的，这一点从得出的关联度指数可以证明。

首先，直观地获得的数据是在1979—1984年这段时间，中国对外直接投资与产业结构升级的相关度相对较低，得出的数字为0.5007。说明在这一阶段国内产业结构升级还没有从对外投资中获取较大的推动力。究其原因，需要追溯到这个时期对外投资的特点，在推进对外投资的方式上比较局限是一个客观阻碍条件，因为大多数直接投资都是通过代表处来达成的，况且此时的代表处主要目的并不是刺激对外投资而是在于发展中国家出口，扩大对外贸易；另外，这一时期实际参与到直接对外投资中的量是有限的，想要迅速增加存在条件还不充分的局限，因此这一时期的国内产业结构自然无法与中国对外直接投资有更大的关系。

其次，可以观察到的是在1985—1991年中国对外直接投资与国内产业结构升级指数产生了轻微的上下浮动，而这并不影响两者宏观的相关度仍然有了一定的提升，数字上凸显出来的差异在于相关度是从0.5007上升到了0.5211。针对这一时期的分析发现，“有计划的商品经济”这一来自1984年的理念的提出对原来持有的在一定程度上限制而收紧的中国对外直接投资的政策给予了相对的否定，它所带来的直接影响是对外投资受到了鼓励。具体反映在审批时间开始有意识地缩短、相关的审批程序被有关部门不断简化。综合的客观便利让中国对外直接投资可以确实开始进入起步时期。因此可以说明这一时期的相关度上升是中国对外直接投资对推进国内产业结构升级的作用效果开始初步显现的反映。

再次，1992—2001年两者的关联度提升到了0.5282，相较于上一时期，国内产业结构受到对外直接投资的推进作用在某种外因的产生下进一步增强。从相关数据可以看出，中国对外直接投资额在这一时期有了质的提升，不断投入对外直接投资行列的企业中非贸易企业所占比重增加，促使投资主体和投资东道国（地区）多元化。

这一时期对外投资的发展得益于1992年中国特色社会主义市场经济体制的确立，它促进了国内经济的发展，并且基于发展经济的需要，将加大中国对外直接投资作为途径之一就是顺应发展规律的表现。因此，可以说对外直接投资的增加最根本的反应就是经济的发展，并且这种反应能力在不断增强。而经济的发展为两者之间相关度的增加起了更加紧密的纽带作用，所以相关度提升了。

又次，在2002年“走出去”战略提出的背景下，中国对外直接投资的发展与国内产业结构升级的相关度有了一个显著的提升。从数字来看达到了0.5432。这得益于“走出去”战略发挥了强劲的带领作用，一系列促进对外直接投资的政策不断出现，中国对外直接投资的主体更加多元。以此为基础，投资及相关行业不断发展成熟起来，在产业结构升级的进程中发挥了重要作用。

最后，2009—2017年中国对外直接投资与国内产业结构升级的相对灰色关联度相比上一阶段有所回落，数值为0.5376。出现这一现象的原因是什么？通过逐年计算两者间的相对关联度，发现2009—2016年中国对外直接投资与国内产业结构升级间的相对关联度均高于上一阶段，其中2009—2016年两者的相对关联度达到0.5466。这与2008年国际金融危机影响下世界范围内跨国并购机会增多、跨国投资并购政策宽松等有利环境有关，促进了中国对外直接投资稳步增长。与此同时，在这一阶段，中国对外直接投资的投资方式、投资行业和投资目的地均发生了不同程度的调整，较为宽松的投资环境促进了中国企业对技术、管理经验和营销渠道的寻求，使得大量投资流向发达东道国（地区），形成了与国内产业结构升级的良好互动关系。不过从2017年开始，发达国家逐步收紧本国外资进入政策，提高外资进入门槛，欧美等国家甚至相继出台政策增强对中国直接投资的审查力度，这都在一定程度上阻碍了中国对外直接投资发展与结构进一步优化，从而可能导致中国对外直接投资与国内产业结构升级的关联关系呈现小幅回落。但总体而言，中国对外直接投资与国内产业结构升级的关联关系呈上升趋势。

综上可知，中国对外直接投资与国内产业结构升级存在相关关系。随着中国对外直接投资的不断发展，对外直接投资与国内产业结构升级的关联程度不断提升，从近几年的数据来看，还存在大幅上升的趋势。因此，经过合理推测可以认为，中国对外直接投资很可能是促进中国国内产业结构升级不可替代的能量。

第三节　中国对外直接投资与国内产业结构升级的空间关联

对于地域广袤、地区差异明显的中国而言，对外直接投资和产业结构升级关系除呈现出明显的阶段性特征外，还存在发展区域不均衡的可能。基于此考虑，考察中国对外直接投资与国内产业结构升级关系的区域空间格局与特征显得同样重要。

一、数据说明与指标计算

由于中国省际层面对外直接投资的数据量较小，所以沿用灰色关联分析作为分析方法来进行上述研究关系。

在此需特别提出以下三点：

（1）确定数据长度。基于可获取的省际层面对外直接投资净额的数据统计是从2004年开始的，于是，这里确定选择2004—2013年中国30个省（区、市）[①]的对外直接投资和产业结构升级数据进行计算。

（2）产业结构升级指标体系构建。在省际层面，由于产业结构升级指标体系中三大产业对GDP的贡献率数据在中国30个省（区、市）中并不完全可得，因此本书使用可得的三大产业占GDP的比重来代替，并重新在其他指标以及相对应的比重保持不变的基础上对2004—2013年中国省际层面的产业结构升级指数进行构建。

（3）对外直接投资所占比重。由于对外直接投资与当地经济发展水平密切相关，一般来说，经济发展水平更高的地区和省份，其对外直接投资存量也更大。因此，在经济发展规模的巨大差异背景下，为了有效地克服由此产生的省际显著异质性，增加反映中国省际对外直接投资与省际产业结构升级关联程度的可靠性，本书用省际对外直接投资净额占当地GDP的比重来代替上文中的对外直接投资绝对值。

因为省际对外直接投资占GDP的比重单位是百分比，而省际产业结构升级指数的量纲的单位也同样为百分比，因此根据前文对灰色关联的方法介绍来研究对外直接投资与省际产业结构升级指数的关系，同样以它包括的三个指标综合全面的反映来作为依据。基于这个方法，中国30个省（区、市）对外直接投资与省际产业结构升级的综合关联度如表4–2所示。

---

① 由于西藏自治区的数据缺失以及其对外直接投资额在大多数年份非常小，因此本书未将其统计在内。同时，港澳台数据未包括在内。

表 4-2 中国 30 个省（区、市）对外直接投资与省际产业结构升级的综合关联度

东部地区		中部地区		西部地区	
省份	综合关联度	省份	综合关联度	省份	综合关联度
北京	0.623	山西	0.560	内蒙古	0.533
天津	0.522	吉林	0.566	广西	0.528
河北	0.588	黑龙江	0.555	重庆	0.664
辽宁	0.528	安徽	0.520	四川	0.520
上海	0.667	江西	0.517	贵州	0.548
江苏	0.557	河南	0.555	云南	0.519
浙江	0.534	湖北	0.528	陕西	0.514
福建	0.570	湖南	0.511	甘肃	0.527
山东	0.571	均值	0.539	青海	0.567
广东	0.627			宁夏	0.522
海南	0.534			新疆	0.523
均值	0.575			均值	0.542

资料来源：以上数据均使用灰色建模软件第七版计算得到。

二、区域关联特征与结果分析

分析表4-2，得出不同的区域以及不同的省际在两者的相关程度上有显著的不同。

区域分析：区域层面，重点分析三个地区，包括东部地区、中部地区、西部地区。三者在区域综合关联度的均值显示出来的数据表明了它们的不同。具体分析可以得到，最突出的数值是在东部地区；中部、西部地区的综合关联度远低于东部地区，同时均值差异相对较小，但换个层面基于平均意义上的对外直接投资与产业结构升级指数的关联度，西部地区比中部地区高一点。

省际分析：根据2004— 2013年的数据，来分析30个省（区、市）在对外直接投资与产业结构升级的相关情况，可以绘制出三个指标包括绝对关联度、相对关联度和综合关联度变化在内的变动形态（见图4-2）。可以发现，中国省际层面对外直接投资与产业结构升级指数的关联度差异性更为显著。

其中，北京、上海、广东和重庆的对外直接投资与产业结构升级指数的三大关联度均远高于国内其他省份，并且在灰色相对关联度这一指标上表现更为明显。对于大多数中西部地区而言，由于经济发展阶段和发展层次的差异，对外直接投资在很多地区还处于起步和快速发展阶段，虽对当地产业结构升级的带动作用有所显现，但相对东部地区和发达省份而言，这种带动效果并不十分明显。

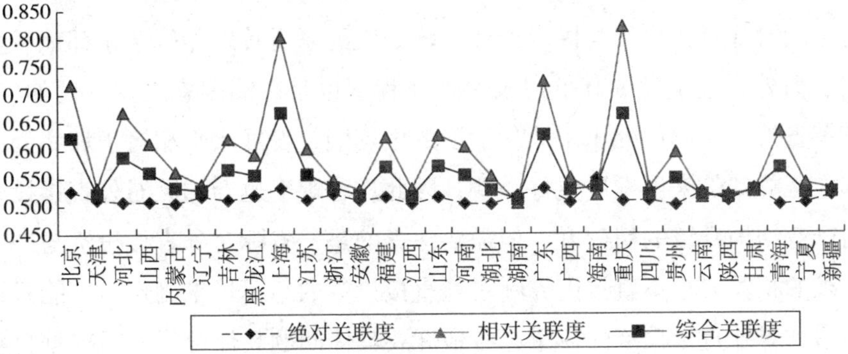

图 4-2 中国 30 个省（区、市）对外直接投资与产业结构升级的三大关联度

第四节 本章小结

本章通过收集并计算数据，探究中国对外直接投资与产业结构升级在时间以及空间上的关联度。之所以针对这两个角度来分析，与中国本身的实际情况有关联，领土面积大，并且人口基数大增长又快。无论是国内经济还是对外贸易都在力求转型发展经济。所以在这个过程中，会在不同的时期表现出相应的对国内产业转型的不同的影响，这就是我们针对的阶段性特点。反之，客观的不同地区的人文自然条件差异，以及经济发展战略目标的实践效果，对产业结构升级的作用又是不同的，这就是我们针对的空间差异特性。

确立上述目标，我们在寻求运用的统计方法上做了相关的处理，最终以灰色关联分析法能够针对小样本进行分析的优点作为我们的分析手段。

首先，通过分析中国对外直接投资在不同阶段呈现出来的特征，我们将其大致分为五个阶段。分阶段研究第一个和第二个时间段的关联度的结果可以发现，中国对外直接投资与国内产业结构升级的关联程度表现出一定的阶段差异。以后几个阶段的总体趋势都是随着对外直接投资的上升而不断增强对国内产业结构升级的，两者关联度不断上升。从1979年到2013年可以说是逐步波动上升到一个高度。由此可以推测，中国对外直接投资随着时间的推移可以不断促进国内产业结构的升级，它们之间有推动与被推动的关系。

其次，可以通过关联度基于地区差异的研究，从平均意义上看，中、西部地区的对外直接投资与国内产业结构升级的紧密程度相较于东部地区要松一些。另外，经济发展高低以及工业化程度也是影响因素之一，比如广东、北京等省份，它们都处于工业化发展的中后期，发展水平相对于那些处于西北部地区的省份来说发展更好一些，因此从客观上也会加大对外直接投资和国内产业结构升级的精密度。但需要注意的是，省际对外直接投资与产业结构升级的相关大小不直接由省际对外直接投资的绝对量来确定，不能只重视不断增加对外直接投资的数量，各地区要具体问题具体分析，需根据自身实际量力而行，统筹协调向前运行发展。

最后，我们可以得出一定的结论，中国对外直接投资的发展可以为国内产业结构升级提供动力；并且伴随着这种牵动效应，随时间推移而增长，随省份的变化而改变，表现出了独特的时间和空间特点。基于此，我们还发现，对外投资企业是通过产业转移、产业关联、产业竞争等途径发挥对外直接投资对国内产业结构升级的促进作用的。但是从实际出发，着眼于地区发展的不均衡，不同的方式产生的效果不同，结合具体的发展特性来得到预期的效果才是正确合理的方式。

第五章　中国对外直接投资对国内产业结构升级的作用效果检验

在研究中国对外直接投资与产业结构升级的灰色关联度之后，本章将深入研究中国对外直接投资对国内产业结构升级影响机制。对于对外直接投资与产业结构升级之间的因果影响，本章将通过不同的技术方法进行研究。

本章结构为：首先，构建本章经验研究所需模型，并解释经验研究所需数据；其次，对模型进行空间回归分析，并讨论分析结果；再次，讨论中国对外直接投资与产业结构清洁性的关系，并进行分析讨论；最后，对全章进行总结。

第一节　中国对外直接投资对产业合理化和高度化的作用

由于产业结构升级包括产业结构合理化和产业结构高度化两个层面，因此本书将利用2004—2013年中国30个省（区、市）的面板数据，分别构建中国产业结构合理化和高度化的计量模型以进行系统的计量分析。

一、面板数据回归模型构建

考虑到中国对外直接投资起步晚和数据量相对较少的现实，本书拟构建面板数据模型进行计量分析，这不仅可以增加实证研究的样本量来增强证明结果的可信度，更重要的是用来反映对外直接投资与产业结构升级的空间异质性特征，从而使模型的回归结果更加准确。

由于产业结构的变化是一个长期延续关联的过程，现阶段以前的产业结构水平同样会对现在的结构水平有作用，这种传递和连续的效应没有中断。因此，本书将产业结构升级的滞后项纳入模型当中，以构建产业结构升级的动态面板数据模型，见式（5–1）。

$$y_{it}=\alpha+\rho y_{i,t-1}+x_{it}'\beta+\mu_i+\varepsilon_{it} \quad (t=2, \cdots, T) \qquad (5\text{–}1)$$

其中，i和t分别表示省份和年份；y_{it}为被解释变量，本章的被解释变量使用泰尔指数（TI）。

为进一步贴合本章的核心问题，采用产业结构变迁程度作为产业结构合理化程度的指标，TI越大，说明产业结构合理化程度越高；TI越小，则产业结构合理化程度越低。

此外，本章还对高度化程度进行检验，因此，另一个经验研究公式的被解释变量是产业结构高度化指数（UI）。UI越大，说明产业间第三产业所占比重越大。$y_{i,t-1}$为TI和UI的一阶滞后项，目的在于得出被解释变量的跨期传递特点；x_{it}为经验模型的解释变量集合，主要包括关注变量（中国对外直接投资存量）和其他控制变量。

本书基于以下几点明确经验模型所使用的控制变量：第一，李逢春（2014）[①]认为产业结构升级中，中国各省的人均收入具有重要影响。但是，为了进一步明确是否为线性结构，模型还采用了人均收入平方作为控制变量。第二，引进外资依存度（$rfdi_{it}$）来表示一省的开放程度（尹忠明、李东坤，2014）。第三，地区的创新能力是影响地区产业结构升级的重要因素（朱玉杰、倪骁然，2014[②]），而具有人力资本（h_{it}）和财政支出比（$rfscl_{it}$）则是合适的代理变量。

产业结构升级形成机制中，需要有地区的经济基础，劳动力受教育水平，公共政策以及对外开放程度等因素，这些都是解释中国对外直接投资和

① 李逢春. 对外直接投资与投资国产业升级——基于中国的实践分析[M]. 北京：人民出版社，2014：98.

② 朱玉杰，倪骁然. 金融规模如何影响产业升级：促进还是抑制——基于空间面板Dubin模型（SDM）的研究：直接效应与空间溢出[J]. 中国软科学，2014（4）：180–192.

产业结构升级关系的重要因素。并且在建造模型过程中，还引入了地区虚拟变量和时间虚拟变量（其中，时间虚拟变量以金融危机全面爆发的2008年为界，2008年以前的年份为零，2008年以后的年份为1）。ε_{it}为随机误差项，u_i代表个体固定效应。因为在计量模型中可能存在残差非正态分布和异方差问题，需要寻找解决途径来尽可能降低影响，所以这里通过双对数模型对公式进行一定的拓展，模型取对数，以符合一般计量模型要求。UI和TI具体经验研究估计公式为

$$\begin{aligned}\ln UI_{it}=&\alpha_0+\alpha_1\ln UI_{it-1}+\alpha_2\ln ofdi_{it-1}+\alpha_3\ln pgdp_{it}+\alpha_4\ln pgdp_{it}^2+\\&\alpha_5\ln rfdi_{it}+\alpha_6\ln rfscl_{it}+\alpha_7\ln h_{it}+\alpha_8 dummy-middle+\\&\alpha_9 dummy_{it}-west+\alpha_{10}year-2008+\varepsilon_{it}\end{aligned}\tag{5–2}$$

$$\begin{aligned}\ln TI_{it}=&\alpha_0+\alpha_1\ln TI_{it-1}+\alpha_2\ln ofdi_{it-1}+\alpha_3\ln pgdp_{it}+\alpha_4\ln pgdp_{it}^2+\\&\alpha_5\ln rfdi_{it}+\alpha_6\ln rfscl_{it}+\alpha_7\ln h_{it}+\alpha_8 dummy-middle+\\&\alpha_9 dummy_{it}-west+\alpha_{10}year-2008+\varepsilon_{it}\end{aligned}\tag{5–3}$$

二、数据来源

本章使用的数据主要来源于中国几大统计年鉴，数据具有公开性、检验性和可追溯性特征。需要说明的是，本章所使用的数据均是通过价格指数进行还原，获得该指标的原始数据。所有变量的描述及资料来源见表5–1。

表 5–1　变量描述和资料来源

变量	变量名	资料来源	式（5–2）的预期符号	式（5–3）的预期符号
TI	产业结构泰尔指数	《中国统计年鉴》、Wind 数据库、《新中国统计资料 60 年汇编》	–	–
UI	产业结构高度化	《中国统计年鉴》、《中国高新技术产业统计年鉴》、Wind 数据库	–	–
ofdi	对外直接投资存量	《中国对外直接投资统计公报》、《中国统计年鉴》、UNCTAD 数据库	–	+
pgdp	人均 GDP	《中国统计年鉴》	+	–
$pgdp^2$	人均 GDP 的平方	《中国统计年鉴》	–	+

续表

变量	变量名	资料来源	式（5–2）的预期符号	式（5–3）的预期符号
h	人力资本	《中国劳动统计年鉴》、Psacharopoulos等	–	+
rfdi	外资依存度	《新中国统计资料60年汇编》、中宏网、《中国统计年鉴》	–	+
rfscl	政府财政支出比重	《中国统计年鉴》《新中国统计资料60年汇编》	–/+	–/+

资料来源：经笔者整理而得。

这里需要说明两点：

（1）根据查找的文献资料来看，劳动力的人均受教育年限通常被用来作为人力资本的数据使用。这种衡量从本质上来说是不太合理的，因为受教育水平的高低不一定能够完全被用作劳动，两者之间的转化不是绝对的。而且由于劳动者所受的教育水平不同，他们之间的相互替代可能也没有被考虑进去，所以出于这样的考虑，教育回报率成了研究的替代指标。因此，本章对劳动者的学历进行加权，具体的权重如图5–1所示。

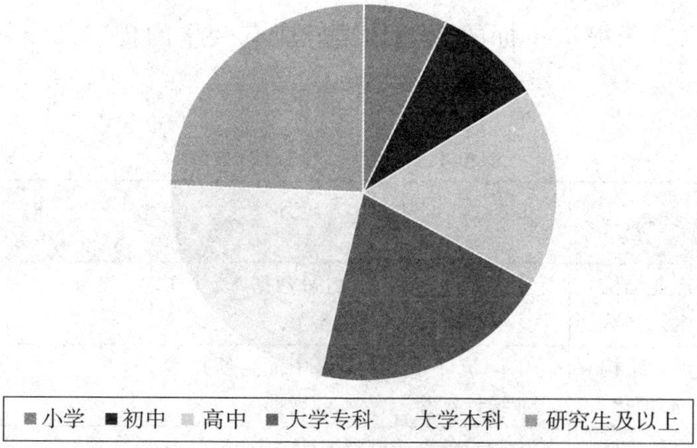

图5–1 劳动者学历权重

资料来源：笔者绘制。

通过加权平均的方法，本章获取了所需的重要解释变量，即每个省的劳动者受教育水平。除此之外，本章还需要获得教育回报率，为此，本章参照了Psacharopoulos等（1994①，2004②）的研究，具体回报率如图5-2所示。

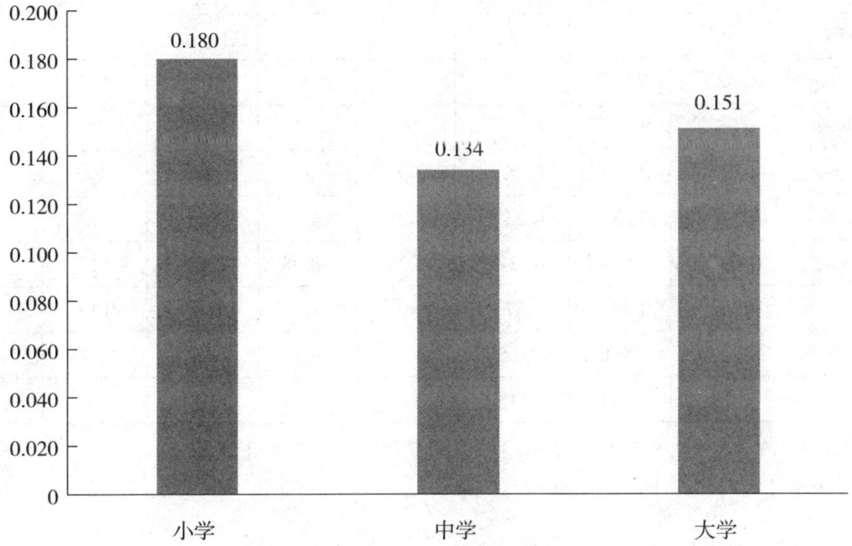

图5-2　教育回报率

资料来源：Psacharopoulos G. Returns to investment in education： A global update [J]. World Development，1994，22（9）：1325−1343; Psacharopoulos G，Patrinos A. Returns to investment in education： A further update [J]. Education Economics，2004，12（2）：111−134.

综上所述，本章依据$Indus=\sum_{k=1}^{7} edu_{kt}\times w_k\times re_k$计算各省人力资本数值，其中，$edu_{kt}$表示每个教育阶段的劳动者比重，$w_k$表示每个教育阶段的权重，$re_k$表示教育回报率。

（2）外资依存度（*rfdi*）指标作为控制变量之一，等于*FDI*/*GDP*，即各省外商投资总额除以该省GDP。上述变量的描述性统计见表5-2。

表5-2　描述性统计

	ln*TI*	ln*UI*	ln*ofdi*	ln*pgdp*	ln$pgdp^2$	ln*rfdi*	ln*rfscl*	ln*h*
lnTI	1							

① Psacharopoulos G. Returns to investment in education: A global update [J]. World Development，1994，22（9）：1325-1343.

② Psacharopoulos G，Patrinos A. Returns to investment in education：A further update [J]. Education Economics，2004，12（2）：111-134.

续表

	ln*TI*	ln*UI*	ln*ofdi*	ln*pgdp*	ln*pgdp*^{2}	ln*rfdi*	ln*rfscl*	ln*h*
ln*UI*	-0.59^{***}	1						
ln*ofdi*	-0.48^{***}	0.19^{***}	1					
ln*pgdp*	-0.65^{***}	0.30^{***}	0.79^{***}	1				
ln*pgdp*^{2}	-0.66^{***}	0.31^{***}	0.79^{***}	0.99^{***}	1			
ln*rfdi*	-0.62^{***}	0.23^{***}	0.23^{***}	0.42^{***}	0.42^{***}	1		
ln*rfscl*	0.40^{***}	0.04	-0.21^{***}	−0.08	−0.08	-0.48^{***}	1	
ln*h*	-0.72^{***}	0.47^{***}	0.57^{***}	0.80^{***}	0.81^{***}	0.38^{***}	-0.13^{**}	1
均值	−1.55	−0.8	10.58	9.94	99.27	−3.96	−1.76	0.24
标准差	0.74	0.34	2.09	0.66	13.24	0.99	0.39	0.11

注：*** 和 ** 分别表示数据在 1% 和 5% 的显著性水平下显著。

资料来源：经笔者计算整理而得。

三、实证回归与结果分析

（一）基准模型回归

在进行动态面板回归之前，本书首先考虑了不包括产业结构升级滞后项影响的混合面板模型，并使用最小二乘回归方法进行检验以作为本书实证分析的基准模型，使用的计量软件是STATA 12.0，回归结果分别见表5-3列（1）和列（3）。

由表5-3列（1）和列（3）可知，在*F*检验中，在不考虑产业结构升级滞后效应的前提下的回归结果在1%显著性水平下是显著的，通过相关判断可以证明上述回归结果是有效的。

另外，模型的原假设（null hypothesis）等于零，即回归结果在1%的显著性水平下拒绝了原假设。但需要注意的是，调整后的R^2值在两个模型的回归结果中均相对较小，尤其是在产业结构高度化的回归方程中[见列（3）]，其调整后的R^2值仅为0.4825。而且在产业结构合理化的回归方程中，关注变量对外直接投资存量（*ofdi*）的回归系数并未通过10%的显著性水平检验，见列（1）。

表 5–3　面板数据回归结果

y_{it} / x_{it}	ln*TI*		ln*UI*	
	混合面板回归（1）	系统 GMM（2）	混合面板回归（3）	系统 GMM（4）
常数	-29.286^{***} （-6.76）	-2.3750 （-0.64）	20.89653^{***} （7.13）	0.5490 （0.24）
$y_{i,\ t-1}$		0.8334^{***} （7.9）		0.8127^{***} （9.92）
$\ln ofdi_{it}$	-0.00938 （-0.5）	-0.0509^{**} （-2.17）	0.044952^{***} （3.54）	0.0089^{*} （1.65）
$\ln pgdp_{it-1}$	5.607824^{***} （6.44）	8.7842^{***} （3.67）	-3.9982^{***} （-6.79）	-7.0620^{***} （-5.19）
$\ln pgdp^2_{it-1}$	-0.28523^{***} （-6.5）	-0.4282^{***} （-3.5）	0.183641^{***} （6.19）	0.3228^{***} （4.86）
$\ln rfdi_{it}$	-0.15223^{***} （-4.86）	-0.0826^{*} （-1.68）	0.063147^{***} （2.98）	0.0572^{*} （1.75）
$\ln rfscl_{it}$	0.005401 （0.07）	0.1274 （1.16）	0.360761^{***} （6.67）	0.0147 （0.25）
$\ln h_{it}$	-2.19725^{***} （-6.38）	-0.1896 （0.68）	1.731524^{***} （7.43）	0.6412^{***} （2.81）
地区虚拟变量	控制	未控制	控制	未控制
时间虚拟变量	控制	未控制	控制	未控制
F 统计量	109.23^{***}		31.87^{***}	
调整后的 R^2	0.7657		0.4825	
Wald chi2（13）		41215.55^{***}		16079.81^{***}
AR（1）		-2.7847^{***}		-4.0299^{***}
AR（2）		1.1652		0.6246
chi2（175）		21.6683		27.9414
观测值	299	239	299	239

注：① ***、** 和 * 分别表示数据在 1%、5% 和 10% 的显著性水平下显著；AR（1）的原假设为扰动项的一阶差分项的相关系数为 0；AR（2）的原假设为扰动项的二阶差分项的相关系数为 0。②括号内的数据是回归系数的 *z* 值 /*t* 值，Wald 检验的原假设为所有解释变量的系数为 0。③ Sargan 检验的原假设工具变量是外生的。

资料来源：经笔者计算整理而得。

（二）动态面板回归模型

上述未加入产业结构升级滞后项的混合面板数据模型包括遗漏项，可能会影响所建立模型的准确性，使相关预测结果产生一定的偏差，即对于真实反映省际对外直接投资与当地产业结构升级的关系产生了一定的误差影响。

这也从另一个角度说明构建动态面板数据模型的必要性与合理性。在动态面板数据模型中，传统的面板数据估计方法得到的回归结果是有偏差且不一致的[①]。除此之外，模型中还可能存在内生性问题，原因主要来自两个方面：一方面，由于客观因素的存在，本书不可能使用任何一个单一模型就囊括所有影响产业结构的因素，加上这些因素中有些很难被人察觉，更不利于研究人员获得数据。这样的特性必然使模型遗漏变量，随之产生模型中存在因遗漏变量带来的内生性问题。另一方面，内生性也是容易干扰模型预测的重要因素，这个现象的本质在于模型设定中的解释变量与被解释变量之间有因果关系。具体来说，模型中被解释变量产业结构升级在受到其他因素影响的同时，会产生反作用，同时促进财政支出比重、人均GDP、对外直接投资等的发展，等同于共同促进，在这些因素促进产业结构升级的同时，这些因素又能从产业结构的升级中获得好处，从而进一步发展经济。田巍和余淼杰[②]则提出地区在引入外商投资的同时，也会促使本地对外经济更加活跃从而导致本地向其他国家或者地区的投资增加。模型中内生性问题的存在使得本书中的回归系数估计不仅是有偏差而且是不一致的。这也要求在进行回归方法选取时需要同时考虑上述问题。

广义矩估计（Generalized Method of Moments，GMM）回归方法可以有效针对模型产生的内生性问题来得出相应的检验结果。本模型将采取系统GMM（Blundell & Bond，1998[③]）方法作为具体估计方法来进行回归分析。

① 李群峰. 动态面板数据模型的GMM估计及其应用[J]. 统计与决策，2010（16）：161-163.

② 田巍，余淼杰. 企业生产率和企业“走出去”对外直接投资：基于企业层面数据的实证研究[J]. 经济学（季刊），2012，11（2）：383-407

③ Blundell R，Bond S. Initial conditions and moment restrictions in dynamic panel data models[J]. Journal of Econometrics，1998，87（1）：115-143.

原因在于，相比于广义矩估计的另一种方法——一阶差分GMM[①]方法来说更加可靠一些。因为一阶GMM方法建立在残差不存在序列相关的假设之上，会采取解释变量二阶或高阶滞后值作为工具变量，正如Blundell和Bond（1998）所述，但这样的变量可能会造成工具变量无效，这是由于在这随机效应的模型之中，产生变量解释的效率损失，从而促使工具变量无效。因此，便有了System GMM，其可有效避免这些缺点，有利于提高结果的准确性和效率。

关于处理模型中因为产业结构与其他因素之间的因果关系而到来的问题，这里用这些解释变量的一阶滞后数值来解决，这一步处理是在运用GMM系统方法之前进行。具体步骤为：其一，分别选取*ofdi*、*rfdi*、*rfscl*以及*h*的滞后一阶数值作为各自的工具变量；其二，以人均GDP滞后两期以及人均GDP平方滞后两期来替换它们自身的水平值，*t*表示时间。经过上述方式，加入新的工具变量，并根据系统GMM的要求，进行回归检验。

（三）结果分析

检验研究的主要结果表现在表5-3列（2）和列（4）中。从回归结果来看，针对产业结构合理化和产业结构高度化的研究，利用混合面板数据的结果与回归结果是大致相同的，值得注意的是增加了显著变量的数量。

检验结果显示，原模型的残差中不存在序列相关，这里采用AR检验（残差序列相关性），得到一阶差分后的模型中只存在一阶序列相关，而无二阶序列相关的结论，即可得：AR（1）是拒绝原假设的，AR（2）是接受原假设的，从而得出结论。针对模型的估计效果的检验，本书采用Sargan过度识别检验方法的卡方值的大小来说明，通过实际计算出的值（分别为21.6683和27.9414）来和*p*值作比较，两者都小于1.000。因此判断可以得出的结论是：在10%的显著性水平下，可以接受工具变量是外生性的原假设，从而明确模型所使用的工具变量适合。

在产业结构升级所具有的传递性和依赖性这一点上，在表5-3列（2）

① Arellano M，Bond S. Some tests for specification for panel data：Monte Carlo evidence and an application to employment equations [J]. The Review of Economic Studies，1991，58（2）：277-297.

和列（4）中可以对此做出说明。推理如下：ln*TI*和ln*UI*的一阶滞后项对当期ln*TI*和ln*UI*值的作用显著为正，换句话说，当期的ln*TI*值会增加0.8334%，在被解释变量的一阶滞后项增长1%的假设下，进一步地，ln*UI*值将增加0.8127%。综上可以得出，产业结构升级具有很强的传递性和依赖性，即一个地区上一期的产业结构水平将在很大程度上决定当地本期的产业结构升级状况。

从控制变量的角度分析，可以得出的结论是，研究人均GDP对产业结构的影响并不是线性的。要证明这一点，本书从保持其他变量不变开始，比较省际人均GDP（ln*pgdp*）对产业结构泰尔指数（ln*TI*）的影响，结果在0.01的显著性水平下显著呈现出“U”形结构。它体现了伴随着人均GDP的增长，它给产业结构的合理性不是一蹴而就、方向一致的，不一定带来理想的结果，而是由低向高，波动前进的。换句话说，产业结构的合理性首先表现出一个下降状态，其次不断上升。并且这种影响趋势是在GDP发展之初才体现得比较强烈的，随着GDP的发展上升到一个新的高度，经济会出现产业结构缓慢地趋于稳定，也就会导致最终产业结构固化。由此产生产业结构调整困难较大、调整速度缓慢等问题。因此，可以推断人均GDP的提升与产业结构的偏离程度具有相关性，导致产业结构偏离度加剧，面对困境，结构调整面临更大的挑战。对比分析出人均GDP对*UI*的效应，同理可得出的结论是：保持其他变量不变，人均GDP对产业结构高度化（ln*UI*）的影响与对合理化的影响相同，都是呈倒“U”形结构的影响方式。具体表现在人均GDP的发展初始时期仍然可以对产业结构的高度化起促进作用，但依旧不是保持不变的，而是发展到一定时期便开始起阻碍作用，带来反向作用。究其原因和第一点的分析是相同的，这里不再赘述。

综上可知，地区经济发展与产业结构升级具有直接联系。可以说正是因为有这种现象的出现，我们必须反思，是否遵循了通过改进经济发展模式来促进国内产业结构升级的方针，从我们实际得出的结论来看，这是与规律相违背的，因为经济的发展对产业结构升级的促进作用不是理想中连续不变的。另外，这里要指出的是：本书理论预计，省级*rfdi*及*h*对产业结构偏离度影响显著且为负，而与产业结构高度化显著正相关的想法得到了证实。此外，政府财政支出比重（ln*rfscl*）在两个回归模型中并不显著，看来政府为产业结构升级所提供的动力并不像我们预期的那样大，所以需要重新审视政府支出能够发挥的作用。

从关注变量的角度分析，回归模型中的被解释变量中的对外直接投资存量（ln对外直接投资）回归出来的系数为整数。经济意义表现为当对外直接投资存量增加1个单位时，产业结构偏离度会反向降低0.0509个单位，但是，产业结构升级将会增加0.0089个单位。原因在于近年来政府提出的“两个市场、两种资源”的政策。它促进对外投资可以借助产业转移、产业关联和产业内竞争等方法对省际产业结构优化升级施加更大的影响的同时能够克服发展较晚的缺陷，在倍速的积累和充分利用资源的前提下进一步发动影响效应。关于这种影响的具体效应，首先，从省际对外直接投资的不断累积可以促进降低省际的产业结构不合理程度，促进当地产业结构的协调发展来看；其次，从省际对外直接投资可以带动产业结构的高度化，促进当地产业结构水平的提升来看。这两个方面的协调配合不仅带来一省当年产业结构状况的改善，还将通过发挥产业结构升级的持续性影响进一步推动当地产业结构在下一期的优化升级。到这里我们可以知道，对于FDI对促进国内产业结构升级具有重要的作用，需充分认识到这一点，努力利用其积极作用，从而促进经济发展。

第二节　中国对外直接投资对产业结构升级的空间溢出效应

在分析这个问题之前先了解什么是空间溢出效应：不仅地区自身发展进程中的各种因素会影响一个地区经济的发展，而且地区外部经济的发展也会对其有影响。一个地区的经济发展不仅受到自身发展过程中各种因素的影响，还受到地区外部经济发展的影响。结合中国的实际，东西南北土地延伸广阔，地大物博，但是地区发展不平衡是突出的特点。具体到省市层面，可以发现31个省（区、市）（不包括西藏自治区）存在差异化的自然地理条件和经济发展状况，横向来说，东部地区资源相对丰富，而西部地区发展靠后。在这一点上，我们就需要结合这种发展特点来研究。

本书从其他学者的研究中获取的相应资料如下：首先，经济增长存在空间上的交互关系，这是基于中心—外围理论的结果，正如Ying（2000①，2003②）研究发现，基于空间滞后模型，得出中国的经济增长存在中心—外围地区溢出效应。其次，在更深入探究中国的区域之间经济增长的溢出效应方面，Brun等③、Zhang和Felmingham④及Groenewold等⑤⑥以将中国划分为不同的区域为研究基础。而吴玉鸣⑦、潘文卿⑧首先将研究对象确定为省区甚至县域经济，再运用空间计量经济方法去定量分析省区乃至县域经济之间的集聚和溢出效应。并且同时相应的研究方法也由在早期衡量地区经济增长之间的相互关联中使用虚拟变量、交叉项和脉冲响应函数转向在后期实证检验区域之间变量间的关联度方面，通过空间滞后模型、空间误差模型和空间杜宾模型等的空间计量模型改变来检验⑨。由此可以看出，越来越多的学者重视区域之间变量的关联程度的认识和测定，并提供了合理的研究解决问题的方法。

---

① Ying L G. Measuring the spillover effects：Some Chinese evidence [J]. Papers in Regional Science，2000，79（1）：75–89.

② Ying L G. Understanding China’s recent growth experience：A spatial econometric perspective [J]. Annals of Regional Science，2003（37）：613–628.

③ Brun J F，Combes J L，Renard M F.Are there spillover effects between the coastal and noncoastal regions in China？[J]. China Economic Review，2002（13）：161–169.

④ Zhang Q，Felmingham B.The role of FDI，exports and spillover effects in the regional development of China [J]. Journal of Development Studies，2002，38（4）：157–178.

⑤ Groenewold N，Lee G，Chen A.Regional output spillovers in China：Estimates from a VAR model [J]. Papers in Regional Science，2007，86（1）：101–122.

⑥ Groenewold N，Lee G，Chen A.Inter–regional spillovers in China：The importance of common shocks and the definition of the regions [J]. China Economic Review，2008，19（1）：32–52.

⑦ 吴玉鸣. 县域经济增长集聚与差异：空间计量经济实证分析 [J]. 世界经济文汇，2007（2）：37–57.

⑧ 潘文卿. 中国区域经济差异与收敛 [J]. 中国社会科学，2010（1）：72–84.

⑨ 潘文卿. 中国的区域关联与经济增长的空间溢出效应 [J]. 经济研究，2012（1）：54–66.

"由联系的普遍性可知，空间上的任何事物都存在着一定的联系，而空间距离则与关联性存在一定同向性，距离较近的事物的空间关联性较强，反之亦然。"这段话来自Tobler提出的所谓的"地理学第一定律"①，从这个观念的含义可以发现经济社会等因素在地理空间上具有溢出效应是空间关联存在的较大部分因素，并且已经广泛证实了其中经济增长的空间溢出效应，同时也开始关注影响经济增长的因素。例如，有学者研究产业结构升级中存在的空间关联（朱玉杰、倪骁然，2014）。另外，发展中国家对外直接投资也使大家开始拓宽研究的思维着眼于中国对外直接投资的空间溢出特征（郑展鹏，2013）。

一、中国对外直接投资与产业结构升级的空间相关性

空间计量经济学可以用来测量中国的对外直接投资与产业结构升级的空间相关性。Moran's I指数是其中使用得较为普遍的②。Moran's I指数既包括全域Moran's I指数也包括局部Moran's I指数，这样可以在测度整个体系或某个特定区域内的变量的空间集聚情况时分别采用。

（一）全域Moran's I指数

全域Moran's I指数的计算公式为

$$I=\frac{\sum_{i=1}^{n}\sum_{j=1}^{n}w_{ij}(x_i-\bar{x})(x_j-\bar{x})}{S^2\sum_{i=1}^{n}\sum_{j=1}^{n}w_{ij}} \tag{5-4}$$

其中，$S^2=\frac{\sum_{i=1}^{n}(x_i-\bar{x})^2}{n}$为样本方差，$w_{ij}$为空间权重矩阵的元素，如果空间权重矩阵可以标准化，则$\sum_{i=1}^{n}\sum_{j=1}^{n}w_{ij}=n$。此时，Moran's I指数可写为

① Tobler W R. A computer movie simulating urban growth in the detroit region[J]. Economic Geography，1970，46（2）：234-240.

② 陈强. 高级计量经济学及STATA应用（第二版）[M]. 北京：高等教育出版社，2014：578.

$$I=\frac{\sum_{i=1}^{n}\sum_{j=1}^{n}w_{ij}(x_i-\overline{x})(x_j-\overline{x})}{\sum_{i=1}^{n}\sum_{j=1}^{n}(x_i-\overline{x})^2} \tag{5-5}$$

说明：Moran’s I指数的取值一般在 -1~1，如果数值大于零表示变量的高值与高值相邻，低值与低值相邻；如果数值小于零则代表高值与低值相邻；如果Moran’s I指数值靠近或等于零，则表明变量无空间、没有相关。

表5-4展示了2004—2013年以距离倒数为权重的中国对外直接投资与产业结构升级的空间相关性。由前文分析可知，产业结构升级细分为两个方面：产业结构高度化（ln*UI*）和产业结构合理化（ln*TI*）。

表5-4　中国对外直接投资与产业结构升级的空间相关性

年份	Moran’s I 值	全域	[0，500]	[0，1000]	[0，1500]	[0，2000]	[0，2500]	[0，3000]
	ln*TI*	0.11^{***}	0.42^{***}	0.21^{***}	0.17^{***}	0.13^{***}	0.12^{***}	0.12^{***}
2004	ln*UI*	0.02^{*}	0.12	0.07^{*}	0.04^{*}	0.02^{*}	0.03^{*}	0.03^{*}
	ln*ofdi*	0.05^{**}	0.23^{**}	0.10^{**}	0.10^{***}	0.06^{**}	0.05^{**}	0.05^{**}
	ln*TI*	0.13^{***}	0.46^{***}	0.26^{***}	0.20^{***}	0.15^{***}	0.13^{***}	0.13^{***}
2005	ln*UI*	−0.02	0.01	−0.01	−0.02	−0.03	−0.02	−0.02
	ln*ofdi*	0.05^{**}	0.21^{**}	0.10^{**}	0.08^{***}	0.05^{**}	0.05^{**}	0.05^{**}
	ln*TI*	0.14^{***}	0.47^{***}	0.28^{***}	0.20^{***}	0.15^{***}	0.14^{***}	0.14^{***}
2006	ln*UI*	−0.03	−0.01	−0.03	−0.03	−0.03	−0.02	−0.02
	ln*ofdi*	0.06^{***}	0.25^{**}	0.14^{**}	0.11^{***}	0.08^{***}	0.07^{***}	0.07^{***}
	ln*TI*	0.15^{***}	0.51^{***}	0.31^{***}	0.22^{***}	0.16^{***}	0.15^{***}	0.15^{***}
2007	ln*UI*	−0.03	−0.04	−0.04	−0.03	−0.03	−0.03	−0.03
	ln*ofdi*	0.03^{**}	0.15^{*}	0.07^{*}	0.07^{**}	0.04^{**}	0.03^{**}	0.03^{**}
	ln*TI*	0.14^{***}	0.49^{***}	0.30^{***}	0.21^{***}	0.16^{***}	0.15^{***}	0.15^{***}
2008	ln*UI*	−0.05	−0.10	−0.06	−0.05	−0.05	−0.04	−0.04
	ln*ofdi*	0.01	0.07	0.03	0.04^{*}	0.01	0.01	0.01
	ln*TI*	0.15^{***}	0.52^{***}	0.32^{***}	0.22^{***}	0.17^{***}	0.16^{***}	0.16^{***}
2009	ln*UI*	−0.03	−0.03	−0.05	−0.04	−0.04	−0.03	−0.03
	ln*ofdi*	0.02^{*}	0.13	0.05	0.04^{*}	0.02^{*}	0.02^{*}	0.02^{*}

续表

年份	Moran's I 值	全域	[0，500]	[0，1000]	[0，1500]	[0，2000]	[0，2500]	[0，3000]
2010	ln*TI*	0.16***	0.54***	0.32***	0.23***	0.17***	0.16***	0.16***
	ln*UI*	−0.02	0.04	−0.02	−0.03	−0.02	−0.01	−0.02
	ln*ofdi*	0.04**	0.19*	0.1**	0.09***	0.05**	0.05**	0.05**
2011	ln*TI*	0.16***	0.54***	0.31***	0.23***	0.17***	0.16***	0.16***
	ln*UI*	−0.02	0.04	−0.01	−0.02	−0.02	−0.01	−0.01
	ln*ofdi*	0.04**	0.19*	0.10**	0.08***	0.05**	0.04**	0.04
2012	ln*TI*	0.17***	0.55***	0.33***	0.23***	0.18***	0.17***	0.17***
	ln*UI*	−0.02	0.03	−0.03	−0.03	−0.02	−0.02	−0.02
	ln*ofdi*	0.04**	0.17*	0.09**	0.08***	0.04**	0.04**	0.04**
2013	ln*TI*	0.17***	0.55***	0.33***	0.24***	0.18***	0.17***	0.17***
	ln*UI*	−0.02	0.03	−0.03	−0.03	−0.02	−0.02	−0.02
	ln*ofdi*	0.06***	0.24**	0.14***	0.11***	0.07***	0.06***	0.06***

注：***、** 和 * 分别表示在 1%、5% 和 10% 的显著性水平下显著。

资料来源：经笔者计算整理而得。

从表5-4的空间相关性检验结果可以看出，2004年全域ln*TI*值为0.11；[0，500]区间值是0.42；[0，1000]区间值是0.21；[0，1500]区间值是0.17；[0，2000]区间值是0.13；而[0，2500]和[0，3000]区间值是相同的，均为0.12。2013年全域ln*TI*值为0.17；[0，500]区间值是0.55；[0，1000]区间值是0.33；[0，1500]区间值是0.24；[0，2000]区间值是0.18；而[0，2500]和[0，3000]区间值是相同的，均为0.17。从2004年到2013年，全域ln*TI*值和各区间值都有上升。2004年，全域ln*UI*值为0.02；[0，500]区间值是0.12；[0，1000]区间值是0.07；[0，1500]区间值是0.04；[0，2000]区间值是0.02；而[0，2500]和[0，3000]区间值是相同的，均为0.03。并且从表5-4的空间相关性检验结果我们可以发现，只有2004年全域和各区间ln*UI*值都是正数，其他年份基本都为负数。从表5-4的空间相关性检验结果还可以看出，2004年全域ln*ofdi*值为0.05，[0，500]区间值是0.23，[0，1000]和[0，1500]区间值都为0.10，[0，2000]区间值是0.06，而[0，2500]和[0，3000]区间值都为0.05。并且2004—2013年全域ln*ofdi*值和各区间值有增有减，在不同的年份，不同的区间值变化不同。

表5-4还表明，产业结构泰尔指数（ln*TI*）和对外直接投资存量（ln*ofdi*）的指数值在经过空间距离加权后，2004—2013年均显著为正，表明这两个变量均存在较为显著的空间关系特点，且表现出高值与高值相邻，低值与低值相邻。但产业结构高度化指数（ln*UI*）的全域Moran's I指数值除在2004年显著外，在其他年份均未通过10%显著性水平的统计检验，表明产业结构高度化指数的空间关联特征并不明显。从时间层面来看，产业结构泰尔指数（ln*TI*）和对外直接投资存量（ln*ofdi*）的Moran's I指数值随时间的推移呈缓慢上升的态势，这进一步说明了上述两变量的空间相关性在时间维度上呈逐步增强之势。

此外，以不同宽带的Moran's I指数值为基础来计算各个变量也是相当重要的一步。

由表5-4的计算结果可以总结出在地域空间相关性中产业结构泰尔指数（ln*TI*）和对外直接投资存量（ln*ofdi*）的变化规律，与地理学第一定律相符合的是，产业结构泰尔指数（ln*TI*）和对外直接投资存量（ln*ofdi*）的Moran's I指数值将随着地理距离的增加而在上下波动中表现出下降的趋势，进一步说明随着地理距离的增加，两个变量的空间相关性是降低的。

与前面描述相同的是产业结构高度化的Moran's I指数值在绝大多数宽带区域内都是不明显的。

（二）局部Moran's I指数

想要更好地衡量某一地区i附近的空间集聚情况可以使用局部Moran's I指数，其计算公式为

$$I_i=\frac{(x_i-\bar{x})}{S^2}\sum_{i=1}^{n}w_{ij}(x_i-\bar{x}) \quad (5\text{-}6)$$

如果$I_i>0$表示区域i的高值（低值）被周围的高（低）值所包围，即高高集聚和低低集聚；如果$I_i<0$则表示区域i的高值（低值）被周围的低（高）值所包围。部分的Moran's I指数的内涵与全域Moran's I指数的内涵几乎一样。

为了清楚地描绘上述变量的区域有关特征（Anselin，1996①），采用计算产业结构泰尔指数（ln*TI*）和对外直接投资存量（ln*ofdi*）的局部Moran's I指数②，并配以Moran散点图的方法。

由图5-3和图5-4可知，这里只展示了研究区间初期2004年和研究区间末期2013年产业结构泰尔指数（ln*TI*）和对外直接投资存量（ln*ofdi*）的Moran散点图（出于精简文字需要）。

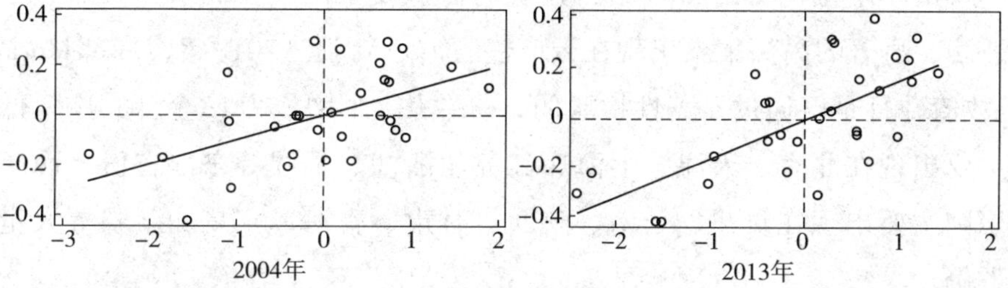

图5-3　2004年和2013年产业结构泰尔指数的Moran散点图

资料来源：笔者绘制。

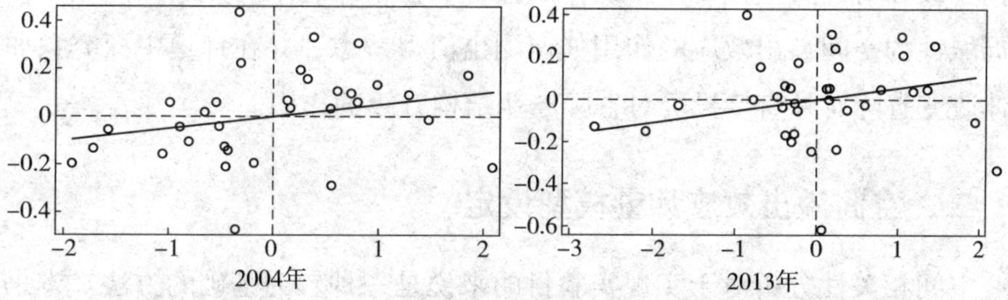

图5-4　2004年和2013年对外直接投资存量的Moran散点图

资料来源：笔者绘制。

图5-3和5-4显示了主要部分的ln*TI*和ln*ofdi*的局部Moran's I指数值都集中于第一、第三象限，反之，位于第二、第四象限的非典型观察值的地区数量相对较少。

---

① Anselin L.The moran scatterplot as an ESDA tool to assess local instability in spatial association[A]//Fischer M，Scholten H J，Unwin D. Spatial analytical perspectives on GIS[M]. UK：Taylor and Francis，1996.

② 产业结构高度化指数的局部Moran'I指数仍不显著，故未在此介绍其结果。

两变量局部Moran's I指数值随着时间推移出现了一定规律。即2004年ln*TI*和ln*ofdi*局部Moran's I指数值的集聚程度显著低于2013年，并且在这一过程中，大多数据集聚在第一象限。由此表明，处于相似产业结构或对外直接投资规模的地区更多地包围了泰尔指数高、对外直接投资存量大或泰尔指数低、对外直接投资存量小的地区，表现出明显的高和高集聚、低和低集聚特征。

以ln*TI*作为说明，2004年，显著的低低集聚出现在北京、天津、上海和浙江，显著的高高集聚出现在云南、青海、新疆。2013年，局部Moran's I指数值并且是已通过显著性检验的省份数从7个增长为13个，其中低低集聚主要出现在北京、天津、上海、江苏、浙江、福建等东部省份，而高高集聚则主要出现在贵州、云南、陕西、甘肃、青海、宁夏和新疆等大量西部省份。

由此可以看出，中国不同地区之间产业结构上升和对外直接投资存量的全域空间关联与局域空间有密切的关系，经济在不同地区的差异对地区产业结构升级和对外直接投资规模的作用显著。在中国省际产业结构升级中，这种局域性的空间溢出效应的作用如何测出值得考虑；并在计量中探究它如何具体改变省际对外直接投资对省际产业结构升级的作用。

二、空间溢出效应计量模型设定

空间相关性分析对于实现实验目的来说是一种较为基础的方法。本书将在此基础上构建相应的空间计量模型来检验并衡量地区间空间溢出效应的大小。

（一）空间计量模型的基本类型

空间计量模型包括空间滞后模型（SLM）、空间误差模型（SEM）和空间杜宾模型（SDM）。

1. 空间滞后模型

空间滞后模型的计算公式为

$$y=\gamma Wy+X\beta+\varepsilon \tag{5-7}$$

空间滞后项 Wy 被用作探测因变量在地区之间有无空间溢出效应。其中，γ 为空间自相关系数，X 为 $n\times1$ 数据矩阵，它代表模型中的所有外生解释变量。

如果本地区的目标变量不仅受到本地区外生变量的影响，而且受到邻近相关地区因变量的影响，那一定是以模型设定无误且能够符合预期检验为条件；也就是在空间上因变量存在显著的空间交互影响（吴玉鸣，2010）。

2. 空间误差模型

空间误差模型的计算公式为

$$\begin{aligned} y &= X\beta+\mu \\ \mu &= \rho M\beta+\varepsilon,\ \varepsilon \sim N(0,\ \sigma^2 I_n) \end{aligned} \tag{5-8}$$

其中，M 为空间权重矩阵，扰动项 μ 存在空间依赖性。反映了没有包含在解释变量中的遗漏变量，或不可观测的随机冲击有空间相关性。换句话说，本地区的因变量受邻近地区因变量的随机冲击影响。

3. 空间杜宾模型

在实际操作中，空间滞后和空间误差的情况可能会同时存在，即一个地区的因变量同时受到邻近地区因变量和邻近地区误差冲击的影响。这说明要解决这类问题单一使用空间滞后和空间误差模型显然是不够的，因此增加了空间杜宾模型。

空间杜宾模型的一般计算公式为

$$y=\lambda Wy+X\beta+WX\delta+\varepsilon \tag{5-9}$$

将其扩展至面板数据中，可以设置为

$$y_i=\delta\sum_{j=1}^{N} w_{ij}y_{jt}+X'_{it}\beta+\sum_{j=1}^{N} w_{ij}X'_{jt}\theta+\lambda_t+\varepsilon_{it} \tag{5-10}$$

若 θ=0，则模型退化为空间滞后面板模型；若 $\theta+\delta\beta$=0，则式（5–10）将退化为空间误差面板模型，因此空间面板杜宾模型是更为一般的形式。

（二）空间计量模型的选择

在选择空间计量模型时，计量检验和经济意义这两个层次值得被同时重视。

在进行计量检验之前要做好考察本书模型中因变量和关注变量特点的准备工作。前文全域Moran's I指数和局域Moran's I指数表示因变量产业结构升级指数，尤其是在空间上存在显著的正自相关的泰尔指数，表明了本书的模型不适合采用仅包含空间误差自相关的空间误差模型；另外，本模型的数据也不太符合仅包含空间滞后变量的空间滞后模型。因为前文的对外直接投资存量，其全域和局域的Moran's I指数值均明显为正数，并存在明显的空间集聚特征。对本模型中因变量以及解释变量的内涵和数据特征经过各方面考虑后，本书应使用空间面板杜宾模型进行分析。

着眼于更严谨的计量角度，从以下两个检验可以说明本书是否适合空间面板杜宾模型：其一，用$H1$：$\theta=0$来检验空间滞后模型能否由模型简化而得；其二，用$H2$：$\theta+\delta\beta=0$来检验空间误差模型是否可以由模型退化而来。

空间面板杜宾模型就是最适合的模型，但前提是两个原假设都不通过。而确定空间滞后面板模型和空间误差面板模型哪个更优则需要进一步地进行LM检验（丁志国等，2012[①]）。检验后结果表示为，以产业结构合理化为因变量的回归方程的两个Wald统计量分别为15.19和3.54，并分别在1%和10%的显著性水平下拒绝了原假设。由此可知，适合用来解决研究问题的模型是空间面板杜宾模型。

这里将空间面板杜宾计量模型设置如下[②]

$$\begin{aligned}\ln TI_{it}=&\delta_1+\sum_{j=1}^{N}w_{it}\ln TI_{jt}+\beta_1\ln ofdi_{it}+\sigma_1\sum_{j=1}^{N}w_{it}\ln ofdi_{jt}\\&+\kappa_1\sum_{j=1}^{N}w_{it}\ln h+\gamma_1X_{it}+\mu_i+\lambda_t+\varepsilon_{it}\end{aligned}\tag{5-11}$$

$$\begin{aligned}\ln UI_{it}=&\delta_2+\sum_{j=1}^{N}w_{it}\ln UI_{jt}+\beta_2\ln ofdi_{it}+\sigma_2\sum_{j=1}^{N}w_{it}\ln ofdi_{jt}\\&+\kappa_2\sum_{j=1}^{N}w_{it}\ln h+\gamma_2X_{it}+\alpha_i+\nu_t+\varepsilon_{it}\end{aligned}\tag{5-12}$$

---

① 丁志国，赵宣凯，苏治.中国经济增长的核心动力——基于资源配置效率的产业升级方向与路径选择[J].中国工业经济，2012（9）：18-30.

② 在使用省际距离的倒数作为权重时，lnUI的Moran's I指数并不显著，但使用邻接权重矩阵时，lnUI的空间溢出效应特别明显，为了充分反映对外直接投资与产业结构升级两个层面的关系，本书同样构建了lnUI的空间面板杜宾模型。

其中，X_{it}为控制变量，在本书中主要包括人均GDP（$\ln pgdp_{it}$）、人均GDP的平方（$\ln pgdp^2{}_{it}$）、政府财政支出比重（$\ln rfscl_{it}$）、外商直接投资依存度（$\ln fdi_{it}$）。

三．空间溢出效应模型构建与回归

使用STATA 12.0对我国30个省（区、市）2004—2013年的面板数据进行计算。

固定效应回归是这里确定使用的方法，一方面，前文的研究已经表明，在省际层面我国产业结构水平和对外直接投资发展存在明显的异质性；另一方面，在Hausman检验下，卡方值在5%的显著性水平下显著拒绝原假设，也就是估计本书更适合用固定效应回归。模型回归结果如表5-5所示。

表5-5 空间杜宾面板模型回归结果

变量	ln*TI*		ln*UI*	
	（1）	（2）	（3）	（4）
ln*ofdi*	−0.08068* （−1.85）	−0.07162** （−2.18）	0.04855* （1.73）	0.08379*** （2.76）
ln*pgdp*	5.98457*** （2.73）	3.878024** （1.97）	−5.11886*** （−4.43）	−4.89647*** （−3.69）
ln*pgdp*^{2}	−0.31584*** （−2.95）	−0.19982** （−2.06）	0.25214*** （4.34）	0.23748*** （3.58）
ln*rfdi*	−0.15953*** （−2.97）	−0.13311*** （−2.77）	0.09093 （1.61）	0.03315 （0.92）
ln*rfscl*	0.06464 （0.4）	−0.10373 （−0.85）	0.2409* （1.78）	0.41953*** （2.84）
ln*h*	−2.49875*** （−2.65）	−2.70634*** （−3.46）	1.814021** （2.31）	1.54999** （2.03）
W×ln*ofdi*	−0.5327* （−1.77）	−0.07673** （−2.22）	−0.04931 （−0.22）	0.08699 （1.43）
W×ln*h*	8.08321** （2.51）	1.67326* （1.85）	−3.53881 （−1.46）	−3.36776 （1.40）
空间滞后相关系数	0.311432*	0.520717***	−0.299260	0.205294

续表

变量	ln*TI*		ln*UI*	
	（1）	（2）	（3）	（4）
直接影响				
ln*ofdi*	−0.09397** （−2.25）	−0.09270*** （−2.75）	0.05091** （2.11）	0.08950*** （3.32）
ln*pgdp*	6.20906** （2.53）	4.40517* （1.84）	−5.07826*** （−3.82）	−4.85528*** （−3.29）
ln$pgdp^2$	−0.32638*** （−2.73）	−0.22557* （−1.93）	0.25054*** （3.77）	0.23573*** （3.20）
ln*rfdi*	−0.16223*** （−3.05）	−0.14710*** （−2.9）	0.08876 （1.52）	0.03183 （0.87）
ln*rfscl*	0.09288 （0.64）	−0.09017 （−0.7）	0.264724** （2.18）	0.44364*** （3.33）
ln*h*	−2.234250** （−2.33）	−2.584460*** （−2.95）	1.9553090** （2.24）	1.588830* （1.87）
间接影响				
ln*ofdi*	−0.85651 （−1.58）	−0.2404** （−1.97）	−0.01309 （−0.07）	0.13346 （1.48）
ln*pgdp*	2.84051 （1.07）	4.33911 （1.26）	1.23537 （1.01）	−1.08188 （−1.09）
ln$pgdp^2$	−0.14976 （−1.1）	−0.21915 （−1.34）	−0.06126 （−1.01）	0.05268 （1.09）
ln*rfdi*	−0.07195 （−1.21）	−0.14455* （−1.68）	−0.01811 （−0.66）	0.00764 （0.59）
ln*rfscl*	0.02965 （0.34）	−0.10716 （−0.64）	−0.05088 （−0.69）	0.10281 （1.14）
ln*h*	10.96735** （2.17）	0.37200 （0.18）	−3.83111* （−1.74）	−0.28752 （−0.28）
总影响				
ln*ofdi*	−0.95048* （−1.68）	−0.33311** （−2.28）	0.03782 （0.19）	0.22296** （2.14）
ln*pgdp*	9.04953** （2.19）	8.74428 （1.6）	−3.84289*** （−4.57）	−5.93716*** （−3.23）

续表

变量	$\ln TI$		$\ln UI$	
	（1）	（2）	（3）	（4）
$\ln pgdp^2$	-0.47613^{**} （-2.32）	-0.44473^{*} （-1.71）	0.18928^{***} （4.68）	0.28841^{***} （3.14）
$\ln rfdi$	-0.23418^{***} （-2.67）	-0.29165^{**} （-2.36）	0.07065 （1.35）	0.03946 （0.86）
$\ln rfscl$	0.122529 （0.55）	-0.19734 （-0.68）	0.21384^{*} （1.7）	0.54645^{***} （3.12）
$\ln h$	8.73310^{*} （1.73）	-2.21246 （-0.83）	-1.8758 （-0.74）	1.30131 （0.82）

注：***、** 和 * 分别表示在 1%、5% 和 10% 的显著性水平下显著，括号内的值是回归系数的 Z 值。

资料来源：经笔者计算整理而得。

在表5–5中，列（1）和列（3）使用了空间地理距离的倒数矩阵的空间权重，列（2）和列（4）使用的是邻接权重矩阵①。由列（1）以$\ln TI$为因变量的空间杜宾模型的回归结果可知：首先，通过了10%的显著性水平的统计检验的空间滞后回归系数，表明在空间上测量产业结构偏度的泰尔指数存在着相当显著的关联性；其次，通过了5%和10%的显著性水平的检验的对外直接投资存量（$\ln ofdi$）和人力资本（$\ln h$）与权重乘积的回归系数，表明解释变量的空间溢出效应显著存在于本模型中，也表明了引入空间杜宾模型的必要性。

进一步分析可知，解释变量的效应细分为直接效应和间接效应。表示第k个自变量在第i个城市第t年变化一单位对y_{it}的平均影响为直接效应，而间接效应是指自变量的空间溢出效应，即第k个自变量在城市i周围的第j个城市第t年变化一单位对y_{it}的平均影响。而总影响也是其直接影响和间接影响之和。因此，在直接影响方面，关注变量$\ln ofdi$的回归系数在以$\ln TI$为因变量的回归方程中显著为负，而在以$\ln UI$为因变量的回归方程中显著为正。这表明省际对外直接投资存量的增加将显著降低

① 邻接权重矩阵是指当两个地区之间存在共同边界时，则两者之间存在空间关联，赋值为1；若两省份无共同边界，则赋值为0，表明两者之间无空间关联。

本地产业结构的偏离度并有助于提升当地产业结构的高度化水平，这一结论在经距离权重加权和邻接权重加权后的回归方程中均成立。从间接效应来看，ln*ofdi*的回归系数绝对值明显增大，但并不显著地体现在大多数回归方程中，一定程度上也说明ln*ofdi*的空间溢出效应可能并未如之前预想的那样明显，存在高估。但值得注意的是，ln*ofdi*的间接效应在以ln*TI*为因变量并经邻接权重矩阵加权的回归方程中变得显著［见表5-5的列（2）］。这意味着本省产业结构的协调发展不仅受到本省ln*ofdi*增加的直接影响，还在一定程度上受到周围邻近地区，尤其与本省相邻、具有共同边界的省份ln*ofdi*增长的影响。这进一步说明，在现阶段，中国对外直接投资的空间溢出效应已开始显现，但这种影响目前仍存在一定局限：一是辐射范围相对较小，目前仍主要集中体现在一省的邻近区域范围内；二是辐射的强度相对较小，经本书实证检验，目前中国对外直接投资的空间溢出效应更多体现在其对省际产业结构合理化的影响上，而对省际产业结构高度化的影响并不显著。最后，省际对外直接投资对产业结构升级总的影响在绝大多数方程中十分显著，且符号基本与预期相一致，从整体上再次证实了中国对外直接投资对国内产业结构合理化和高度化水平影响的显著性。

从控制变量来看，ln*pgdp*、ln$pgdp^2$、ln*rfdi*、ln*rfscl*、ln*h*回归系数的方向在四个回归方程中基本与预期相同，但在省际产业结构合理化和高度化方程中回归系数的显著性有所差异。除ln*pgdp*、ln$pgdp^2$、ln*h*在四个方程中均显著外，ln*rfdi*在1%的显著性水平下有力地推动了省际产业结构向更合理的方向发展，但在10%的水平下仍未对省际产业结构高度化提升施加显著正向影响。与此同时，ln*rfscl*显著推动了省际产业结构高度化水平，但对省际产业结构合理化的影响并不显著。从间接效应方面来看，除人力资本存量（ln*h*）在列（1）和列（3）中存在显著影响外，其他控制变量的空间溢出效应很小且并不明显。但需要注意的是，ln*h*的间接影响效应在以ln*TI*为因变量的列（1）中显著为正，而在以ln*UI*为因变量的列（3）中显著为负，与本书的预期符号相反。这意味着其他省份（不限于邻接省份）人力资本存量的积累不仅倾向于加剧本地产业结构的偏离程度，还将不利于本地产业结构水平的提升。导致这一结果的原因可能是中国地区之间经济发展水平并不平衡，从而发展水平高的地区相对于发展水平低的地区在吸引高素质人才、加大教育和培训投入以及接受先进技术与理念等方面存在天然优势，这不仅有助于当地优秀人才的培养以提升当地的人力资本存量，还可以通过对发展水平相对较低省份优秀人才的吸引进一步增加当地的人力资本累积。再加上日益便捷的劳动力跨省流动在一定程度上加剧了地区之间人力资本存量的不平衡分布特征，使人力资本存量水平较高的省份拥有越来越高的人力资本积累，而人力资本相对缺乏的省份则可能越来越难以实现人力资本的积累。因此，周围省份的人力资本存量对本省的空间溢出为负，即其他省份相对较高的人力资本存量可能会不利于本省人力资本的积累，从而对本省产业结构合理化和高度化提升具有负向影响；其他省份相对低的人力资本存量则可能意味着本省在吸引人才方面存在一定的比较优势，进而有利于本省人力资本积累并推动本省产业结构向更加合理和更加高级的方向发展。总体效应是直接效应与间接效应之和，其回归结果与前述基本一致，本书不再对此做具体分析。

第三节　中国对外直接投资对产业结构清洁性的影响研究

2007年，中国作为世界上最大的发展中国家，超过了美国成为世界第一碳排放大国。国际环保组织“全球碳计划”估计，中国2013年人均CO_2排放量为7.2吨，超过欧盟的6.8吨。按照总量计算，中国的碳排放占全球总排放的28%，美国和欧洲分别为14%和10%，中国的碳排放已经超过美国和欧洲的总和。与此同时，中国从2003年开始，对外直接投资迅猛增长。《中国对外直接投资统计公报》的数据显示，从2003年到2013年，中国对外直接投资实现了自权威发布年度数据以来连续十年的高速增长，高达1078.4亿美元，同比增长22.8%；从2002年到2013年，中国对外直接投资的年均增长速度为39.8%。那是否就正如“污染天堂假说”（Pollution

Heavens Hypothesis，PHH）所云，中国不断增长的对外直接投资其实是为了减少本国的CO_2排放而向外部转移高污染及高耗能产业？这个问题值得深思，尤其是在低碳经济背景下，分析中国对外直接投资与母国产业的清洁度问题具有特别的意义。

一、现有文献述评

“污染天堂假说”指的是发达国家倾向于将高能耗与高污染产业转向发展中国家，破坏了发展中国家的生态环境。①当然也有不少研究外商直接投资与“三废”、SO_2排放量关系的学者得出结论，外商直接投资的增长是加剧东道国（地区）环境污染和造成当地福利损失的因素。如Aliyu选用1990—2000年14个国家的面板数据来考察外商直接投资与东道国（地区）碳排放的关联，研究结果说明，外商直接投资的流入增加了东道国（地区）的CO_2排放②；Jorgenson也在相同方法下选用了1975—2000年39个发展中国家的面板数据，结论同样显示，外商直接投资增加了东道国（地区）的碳排放，给东道国（地区）环境带来了负面影响③；Acharkyya则选择了印度1980—2003年的数据，运用碳排放库兹涅茨曲线（CKC）模型以及协整分析的方法，对外商直接投资与碳排放之间的关系进行了考察，其研究结果表明，外商直接投资在一定程度上有损于印度的碳排放④。国内学者赵晓丽等⑤运用指数因素分析法，将我国各行业能源消费指数细分为外国直接投资数量效应、行业分布效应和投资能源强度效应，并且认为我国能源消费总量和外国直接投资存在正相关

① “污染天堂假说”，由Walter和Ugelow于1979年提出，又称为“污染避难所假说”。

② Aliyu M A. Foreign direct investment and the environment: Pollution haven hypothesis revisited [J]. Eight Annual Conference on Global Economic Analysis，2005（6）: 9-11.

③ Jorgenson A K.Does foreign investment harm the air we breathe and the water we drink [J]. Organization Environment，2007（2）: 137-156.

④ Acharkyya J. FDI，growth and the environment: Evidence from India on CO_2 emission during the last two decade [J]. Journal of Economic Development，2009（6）: 43-58.

⑤ 赵晓丽，胡军峰，史雪飞. 外商直接投资行业分布对中国能源消费影响的实证分析 [J]. 财贸经济，2007（3）: 117-120.

的关系，而相应带来的便是我国的高碳排放；刘华军和闫庆悦①，熊立等②运用Krueger和Grossman③的设计，同时把外商直接投资影响我国碳排放的效应细分为规模效应、技术效应以及产业结构效应三种，并且这一研究结论也证明了上述观点，我国CO_2的排放量随着外商直接投资的进入增加了。

以Zarsky④为代表的"污染光环假说"（Pollution Halo Hypothesis）却认为，外资的进入其实是有利于生态环境的，因为外资进入的同时也带来了更先进、更优秀的管理方式和理念，以及更高效、更科学的技术⑤⑥⑦⑧。如宋德勇和易艳春⑨、谢文武等⑩通过研究证明，外商直接投资的进入对于减少我国的CO_2排放量有积极作用，还具有节能减排效应。因为其带来了先进的生产技术和节能技术。然而，邹麒和刘辉煌对外商直接投资的碳排放效应持折中观点，他们选用了我国30个省（区、市）2000—2008年的面板数据进行研究，结果表明中国碳环境会随着当期外商直接投资而恶化，并且

① 刘华军，闫庆悦．贸易开放、FDI与中国CO_2排放[J]．数量经济技术经济研究，2011（3）：21-35.

② 熊立，许可，王珏．FDI为中国带来低碳了吗——基于中国1985—2007年时间序列数据的实证分析[J]．宏观经济研究，2012（5）：68-75.

③ Krueger A G，Grossman G M. Environmental impacts of a North American Free Trade Agreement[J]. CEPR Discussion Papers，1992，8（2）：223-250.

④ Zarsky L. Havens，halos and spaghetti：Untangling the evidence about foreign direct investment and the environment[M]. OECD Conference on Foreign Direct Investment and the Environment Paris，1999.

⑤ Jaffe A B，Peterson S R，Portney P R，Stavins R N.Environmental regulation and the competitiveness of U.S. manufacturing：What does the evidence tell us？[J]. Journal of Economic Literature，1995，1（33）：132-163.

⑥ Eskeland G S，Harrison A E. Moving to greener Pastures？ Multinationals and the pollution haven hypothesis[J]. Social Science Electronic Publishing，2003（70）：1-23.

⑦ 李惠茹．关注外商直接投资生态环境正效应发挥——基于生态现代化建设的研究视角[J]．国际贸易，2007（8）：46-49.

⑧ 许和连，邓玉萍．外商直接投资导致了中国的环境污染吗——基于中国省际面板数据的空间计量研究[J]．管理世界，2012（2）：36-49.

⑨ 宋德勇，易艳春．外商直接投资与中国碳排放[J]．中国人口·资源与环境，2011（1）：49-52.

⑩ 谢文武，肖文，汪滢．开放经济对碳排放的影响——基于中国地区与行业面板数据的实证检验[J]．浙江大学学报（人文社会科学版），2011，41（5）：163-174.

滞后项的碳排放效应呈现了清洁作用[①]。

值得关注的是，学界主要集中从东道国（地区）视角去研究有关外商直接投资的环境效应方面，而较少从母国视角探讨“污染天堂假说”是否成立。周力和庞辰晨研究了我国对外直接投资的母国环境效应，认为我国的对外直接投资存在逆向技术溢出，有利于国内环境的改善，而对外直接投资的规模效应则会给我国环境带来不良影响[②]；Liu等的研究表明，日本的对外直接投资是本国CO_2减少的格兰杰原因，其从母国角度证明了“污染天堂假说”的存在[③]；罗良文和成晓杰深入分析了我国对外直接投资与低碳经济的关系，构建了通过对外直接投资推动低碳经济发展的路径[④]。然而，以上研究均未能回答我国对外直接投资与本国碳排放量间关系这一本质问题——我国的对外直接投资是否有利于降低本国碳排放，抑或是增加了本国碳排放——这仍然有待考察。本书选用了2003—2011年中国30个省（区、市）的省级面板数据，研究了本国碳排放与我国对外直接投资之间的关系，通过回归估计得出了我国对外直接投资的碳排放效应，其结论将填补理论上的空白，也将为我国节能减排提供新的研究方向。

二、计量模型设定及数据来源

（一）计量方程设定

经济规模、技术水平、产业结构等因素会影响地区污染（熊立等，2012；李梅和金照林，2011[⑤]；周力和庞辰晨，2013）。本书沿用上述变量来

① 邹麒，刘辉煌. 外商投资和贸易自由化的碳排放效应分析经济与管理研究[J]. 经济与管理研究，2011（4）：43-50.

② 周力，庞辰晨. 中国对外直接投资的母国环境效应研究——基于区域差异的视角[J]. 中国人口·资源与环境，2013（8）：131-139.

③ Liu Z，Dong X，ZhaoT，Liu Q. Can Japan’s outwards FDI reduce its CO_2 emissions? A new thought on Polluter Haven hypothesis[J]. Advanced Materials Research，2013，20（5）：807-809.

④ 罗良文，成晓杰. 中国OFDI推动低碳经济的路径构建[J]. 技术经济，2013（7）：78-83+118.

⑤ 李梅，金照林. 国际 R&D、吸收能力与对外直接投资逆向技术溢出——基于我国省级面板数据的实证研究[J]. 国际贸易问题，2011（10）：124-136.

分析我国对外直接投资对CO_2排放量的影响，因此本书的基本方程设定为

$$\log CO_2 = \log OFDI + \log GDP + \log Tech + \log Struc + \varepsilon \quad (5\text{–}13)$$

同时，本书也引入了其他一些控制变量来更好地分析与我国CO_2排放量有关的因素，即科研经费（*RD*）、地区受教育程度（*Edu*）、绿地面积（*Green*）、环境治理投资（*Environ*）和能源消费结构（*Coalratio*），因此最终计量方程设计为

$$\begin{aligned}\log CO_{2it} = &\log OFDI_{it} + \log GDP_{it} + \log RD_{it} + \log Edu_{it} + \log Struc + \\ &\log Green_{it} + \log Environ_{it} + \log Coalratio_{it} + \varepsilon_{it}\end{aligned} \quad (5\text{–}14)$$

其中，i代表区域，t代表时间（年份），为了更好地控制异方差而采用了对数形式。

（二）变量设定及数据来源

本书选取了2003—2011年我国30个省（区、市）的省级面板数据，为统一口径，数值单位均以万计，以下分别对每个变量进行说明。

1. 被解释变量：CO_2排放量

目前，各省份均未公开其关于CO_2排放量的数据，必须由化石能源的消费进行转换估算而得。因此，通过查阅《中国能源统计年鉴》（2012）而获得了本书各省份的石油、煤、天然气这三种能源相应的消费量数据，并转换估算了《中国可持续发展能源暨碳排放情景分析》中给定的排放系数，其中，石油的碳排放系数为0.58吨碳/吨标准煤、煤炭的碳排放系数为0.75吨碳/吨标准煤、天然气的碳排放系数为0.44吨碳/吨标准煤。

2. 核心解释变量：对外直接投资

关于怎么衡量对外直接投资，本书也像以前学者一样采用直接投资存量进行量化（许和连和邓玉萍，2012），即用各省对外直接投资存量进行估计。主要选取了2005年和2011年的《中国对外直接投资统计公报》的数据。

3. 其他变量

（1）经济规模（*GDP*）。效仿前人的做法（He，2006），本书主要采用各

省GDP总量作为衡量经济规模的指标。一般来说，经济规模越大代表工业化水平越高，与此同时也会排放更多的CO_2，所以我们可以把两者看成正相关关系。数据来源于《中国统计年鉴》(2012)。

(2)技术水平(*Tech*)。目前，大多学者采用单位工业产出CO_2(或SO_2)排放量(熊立等，2012；Taylor，2006①)来衡量技术水平，但本书如果沿用上述法则会存在解释变量与被解释变量有多重共线性的问题，同时也证明了对外直接投资具有技术回流特性的特点(李梅和金照林，2011；李平和许家云，2011)。本书用两个指标一起衡量技术水平，目的是防止出现多重共线性的问题，即各省份的科研经费和地区受教育程度(高中以上受教育人数)。众所周知，节能减排技术一定会伴随科研经费投入的增多而提高，并且受教育程度也和一省技术水平是有正相关关系的，并且提高教育水平，也会让个人的节能减排意识增强，因此各省(区、市)的科研经费和地区受教育程度的提高，都是有利于节能减排的，它与碳排放的关系也可以看成负相关。②

(3)产业结构(*Struc*)。第二产业是一种高碳排放产业，在如何实现产业结构的量化方面，本书借鉴前人的研究采用第二产业占GDP的比重进行量化(熊立等，2012；Bao & Peng，2006③)，第二产业比重与碳排放量呈正相关关系，前者上升后者必然会提高。数据来源于《中国城市统计年鉴》(2012)。

(4)绿地面积(*Green*)。增加绿地面积会减少我国碳排放量，这是减少我国碳排放的重要手段之一，其与碳排放的关系是负相关的。数据来源于《中国城市统计年鉴》(2012)。

(5)环境治理投资(*Environ*)。由于环境的不断恶化以及气温的不断上升，我国逐渐加大了对环境治理的投资力度，从2010年的6554亿元提高到2011年的7114亿元，其中，2010年比2009年增长了47.0%。环境治理投资的增加必然有利于我国CO_2排放量的减少，两者的关系为负相关。数据来源于《中国城市统计年鉴》(2012)。

---

① Taylor M S. Unbundling the pollution haven hypothesis [J]. Fullerton, D. The Economics of Pollution Havens [M]. Edward Elagar Publishers, 2006.

② 资料来源：中华人民共和国科学技术部网站，http://www.most.gov.cn/。

③ Bao Q, Peng S. Economic growth and environmental pollution in China: A simultaneous estimation [J]. Journal of World Economy, 2006 (11): 48-59.

（6）能源结构（*Coalratio*）。CO_2的排放主要是由于化石能源的燃烧，而在三种化石能源中，煤炭的碳排放系数最高。我国的能源消费主要是占了总能源消费量70%以上的煤炭。本书借鉴前人的研究采用煤炭消费量占总能源消费量的比率对能源结构进行量化①。煤炭消费比例的上升必然导致碳排放量的增多，因此两者呈正相关关系。数据来源于《中国能源统计年鉴》(2012)。

（三）数据相关特征分析

首先我们对数据进行了描述性统计，其目的是让我们能更好地去分析样本的信息，得出更好的结果，统计结果如表5-6所示。

表 5-6　描述性统计

变量名称	变量含义	样本量	均值	标准差	最小值	最大值
logCO_2	CO_2排放量	270	8.374421	0.973242	5.225747	10.400600
log*OFDI*	对外直接投资存量	270	9.882677	2.156108	2.484907	14.402250
log*GDP*	经济规模	270	17.996560	0.981434	15.164470	20.092350
log*RD*	科研经费投入	270	4.141087	1.440501	0.182322	6.971200
log*Edu*	受教育水平	270	6.508268	0.747153	4.364563	8.602304
log*Struc*	产业结构	270	3.856067	0.178716	3.157000	4.113657
log*Green*	绿地面积	270	10.231990	1.039863	6.804615	12.720920
log*Environ*	环境治理投资	270	12.252750	1.740674	4.007333	15.373480
log*Coalratio*	能源结构	270	–0.400470	0.358010	–1.355920	1.016393

资料来源：笔者统计整理。

在加入对数后，虽然由表5-6可知其数据整体变小了，但是对外直接投资的对数标准差达到了2.16，这样的结果告诉我们，我国对外直接投资在2003—2011年发生了非常大的变化，而本书研究的对外直接投资的碳排放效应就是选择在此阶段，所以这个结果变得更有可信度。本书还对数据进行了相关性分析，去探究变量间是不是存在多重共线性，分析结果如表5-7所示。

---

① 杜立民. 我国二氧化碳排放的影响因素：基于省级面板数据的研究[J]. 南方经济，2010（11）：20-33.

我们从上面的相关性分析结果数据可知，经济规模（log*GDP*）与许多变量的相关系数的数值均超过了0.7，我们利用方差膨胀因子（VIF）方法进行检验发现经济规模（log*GDP*）的方差膨胀因子得出的数值远远超过了10，这说明模型存在严重的多重共线性问题，因此在接下来进行回归估计时，需要进一步修正模型，并剔除掉具有多重共线性的变量。

三、计量结果分析及政策建议

（一）全国层面分析

本书选取2003—2011年30个省（区、市）的面板数据进行回归分析。在对模型进行了霍斯曼检验（Hausman Test）之后，参照检验的结果，本书决定采用固定效应方法对模型进行回归估计。

由表5-8可知，R^2会伴随变量数目的增多而增大，且模型1至模型6所有变量均十分显著，可是在绿地面积与产业结构加入后，R^2开始减小，且两者的估计值均不显著，因此剔除上述两个变量。

然而模型1至模型6均通过Wald检验，模型估计效果良好，本书最终选择了模型6来进行分析。数据显示出我国对外直接投资每增加1%，国内CO_2排放量将增加0.0914%，因此，我国的对外直接投资与国内碳排放存在显著的正相关关系。这同时说明了，我国对外直接投资的增加不仅没有减少反而显著提高了CO_2排放量。

从全国范围来看，中国的对外直接投资并不是将国内高能耗、高碳排放产业转移至东道国（地区）。但在笔者的推测下，中国对外直接投资的增加通常会带动本国产业结构的调整，增加第二产业的比重，这是积极效应①②，而第二产业又刚好是高碳排放产业，这也是对外直接投资会使我国的CO_2排放量增大的主要原因。

---

① 卢平. 对外直接投资母国效应及对中国的启示[J]. 商场现代化，2009（5）：136-137.

② 罗丽英，黄娜. 我国对外直接投资对国内就业影响的实证分析[J]. 上海经济研究，2008（8）：86-91.

表 5-7 相关性分析

变量	logCO_2	log*OFDI*	log*GDP*	log*RD*	log*Struc*	log*Green*	log*Environ*	log*Coalratio*	log*Edu*
logCO_2	1								
log*OFDI*	0.6656	1							
log*GDP*	0.7983	0.8153	1						
log*RD*	0.6713	0.7866	0.9163	1					
log*Struc*	0.4368	0.1094	0.309	0.2155	1				
log*Green*	0.6498	0.659	0.8555	0.8271	0.2686	1			
log*Environ*	0.4066	0.2685	0.4775	0.473	0.3429	0.5394	1		
log*Coalratio*	0.385	–0.1512	0.0117	–0.081	0.4541	0.0121	0.0379	1	
log*Edu*	0.6589	0.5738	0.8806	0.8032	0.3193	0.8427	0.5651	0.0783	1

资料来源：经笔者统计整理而得。

表 5-8 全国层面回归分析

变量	模型 1	模型 2	模型 3	模型 4	模型 5	模型 6	模型 7	模型 8
	logCO_2	logCO_2	logCO_2	logCO_2	logCO_2	logCO_2	logCO_2	logCO_2
log*OFDI*	0.3627^{***} （0.0142）	0.1147^{***} （0.0299）	0.1354^{***} （0.0271）	0.1446^{***} （0.0370）	0.0890^{***} （0.0301）	0.0914^{***} （0.0287）	0.0912^{**} （0.0288）	0.0917^{***} （0.0287）
log*GDP*		0.8257^{***} （0.0910）	0.6808^{***} （0.0757）	0.9562^{***} （0.1310）	1.1935^{***} （0.1339）	1.2541^{***} （0.1294）	1.2560^{***} （0.1306）	1.2595^{***} （0.1294）
log*Coalratio*			0.5707^{***} （0.0994）	0.5447^{***} （0.0983）	0.5129^{***} （0.0963）	0.5728^{***} （0.0938）	0.5629^{***} （0.0943）	0.5979^{***} （0.0967）
log*RD*				-0.2261^{***} （0.0784）	-0.1880^{***} （0.0782）	-0.1944^{***} （0.0770）	-0.1920^{***} （0.0791）	-0.1990^{*} （0.0770）

续表

变量	模型 1	模型 2	模型 3	模型 4	模型 5	模型 6	模型 7	模型 8
	$\log CO_2$	$\log CO_2$	$\log CO_2$	$\log CO_2$	$\log CO_2$	$\log CO_2$	$\log CO_2$	$\log CO_2$
log*Edu*					-0.3645^{***} （0.0950）	-0.4740^{***} （0.0927）	-0.4708^{***} （0.0960）	-0.4625^{***} （0.0934）
log*Environ*						0.0828^{***} （0.0148）	0.0831^{***} （0.0149）	0.0848^{***} （0.0149）
log*Green*							−0.0052 （0.0600）	
log*Struc*								0.2062 （0.2081）
Constant	4.7902^{***} （0.1853）	-7.6192^{***} （1.3791）	-4.9887^{***} （1.1426）	-9.1088^{***} （0.0784）	-10.6285^{***} （1.8302）	-11.9931^{***} （1.7943）	-12.0106^{***} （1.8163）	-11.3697^{***} （1.9174）
Wald 检验	652.72 [0. 000]	792.99 [0. 000]	832.55 [0. 000]	864.45 [0. 000]	926.30 [0. 000]	1072.44 [0. 000]	1071.59 [0. 000]	1072.41 [0. 000]
Hausman 检验	0. 000	0. 000	0. 000	0. 000	0. 000	0. 000	0. 000	0. 000
固定效应	Y	Y	Y	Y	Y	Y	Y	Y
R^2	0.7304	0.7546	0.7721	0.7755	0.7864	0.8169	0.8154	0.8163
观测值	270	270	270	270	270	270	270	270
横截面数据	30	30	30	30	30	30	30	30

注：实证的结果均由 STATA 12.0 计算并整理得出，方括号内是 Wald 检验的 p 值，圆括号内是稳健的标准差，***、**、* 分别表示 1%、5%、10% 的显著性水平。

资料来源：经经笔者计算整理而得。

碳排量的重要排出口在于经济规模的扩大。具体在于经济规模每扩大1%，碳排放就会显著上升1.2541%。我国在漫长的发展进程中所形成的产业结构是第二产业的比重要比第一、第三产业更高，基于这一结构的发展会促进工业化程度的提高，那么碳排放也将上升。近年来，经济发展与环境污染的平衡一直是国际会议讨论的热点，经济发展必然增加碳排放，大规模节能减排必然制约经济发展，这也是美国单方面退出《京都议定书》的根本原因。

能源结构在国内碳排放比重中的地位也不容忽视。因为我国的碳排放会随着我国消费煤炭比率上升而增加，每上升1%消费煤炭将会增加0.5728%碳排放。如前所述，煤炭在所有化石能源中碳排放比率最高，其消费量的提高，必然增加我国的碳排放，而如果增加其他化石能源的消费以替代煤炭消费，则有助于减少我国碳排放。因此在节能减排工作中，调整能源消费结构势在必行。

此外，通过创新发展自主技术和提升受教育水平可以降低碳排放。由数据可知，我国的国内CO_2排放量将随着技术研发经费与受教育水平的增加而降低，技术研发经费与受教育水平分别增加1%，则国内的CO_2排放量就会分别减少0.1944%和0.4740%。上面提到的两个变量都与国内节能减排的技术水平有直接关系，科研经费的提高将直接提高我国的减排技术，而受教育水平的提高不仅可以为我国科研人才提供基础，还有助于提高个人节能减排的素质，因此两者均与我国碳排放呈负相关关系。

国内CO_2排放量因我国环境治理投资增加而增大。由数据可知，我国的国内碳排放将伴随环境治理投资每增加1%而显著增加0.0828%。这个结论与经验相悖有些难以明白，数据显示，我国的环境治理投资主要是减少“三废”方面，而运用“催化燃烧”等方法来处理废气、废渣时，又将会增加CO_2排放量①，这也就是为什么加大环境治理投资却又提高了国内碳排放。此结论也让我们发现了我国CO_2排放量增多的又一隐含原因，同时对我国的环境治理方法提出了异议。

---

① 废弃治理[EB/OL].（2013–11–05）. 百度百科，http://baike.baidu.com/view/4584202.htm.

（二）地区层面分析

前文已经估计出对外直接投资对我国CO_2排放量的影响，但由于我国地域广阔，各区域之间的经济发展和产业构成程度都不一样，而且更重要的是，我国的对外直接投资数量在区域分布上极不一致，如表5-9所示。

表 5-9　2003—2010 年各地区对外直接投资所占比重　　单位：%

年份	东部	中部	西部
2003	89.3	9.2	1.4
2004	84.4	11.2	4.3
2005	78.3	16.2	5.4
2006	78.4	15.4	6.1
2007	70.6	12.5	16.8
2008	65.7	144.7	19.7
2009	67.4	20.9	11.5
2010	76.3	10.8	12.7

资料来源：笔者根据 2011 年对外直接投资统计公报计算所得。

数据显示，我国对外直接投资地区的分布非常不均衡，引出了针对不同区域研究我国不同地区的CO_2被对外直接投资影响的需要。分析依然是采用已经处理了多重共线性变量问题的模型来进行，地区层面回归分析如表5-10所示①。

表 5-10　地区层面回归分析

变量	东部地区	中部地区	西部地区
	$\log CO_2$	$\log CO_2$	$\log CO_2$
$\log OFDI$	0.0419 （0.0466）	0.1277^{**} （0.0564）	0.1014^{**} （0.0469）

① 按经济地带划分，本书依惯例将我国分成东部、中部、西部三大区域。具体划分为：东部地区包括北京、天津、河北、辽宁、上海、江苏、浙江、福建、山东、广东、广西和海南12个省份；中部地区包括山西、内蒙古、吉林、黑龙江、安徽、江西、河南、湖北和湖南9个省份；西部地区包括重庆、四川、贵州、云南、陕西、宁夏、新疆、甘肃、青海和西藏10个省份。本书研究不包括西藏。

续表

变量	东部地区	中部地区	西部地区
	$\log CO_2$	$\log CO_2$	$\log CO_2$
log*GDP*	2.0050*** （0.1973）	1.0054*** （0.2909）	0.9549*** （0.2288）
log*Coalratio*	0.3102* （0.1790）	1.4086*** （0.3901）	0.3725*** （0.1408）
log*RD*	–0.5293*** （0.1016）	–0.0777 （0.2069）	–.04258 （0.1303）
log*Edu*	–1.1860*** （0.2373）	–0.1813 （0.1117）	–0.4319*** （0.1615）
log*Environ*	0.0868*** （0.0217）	0.1101*** （0.0272）	0.0637* （0.0344）
Constant	–19.1267*** （2.4089）	–10.7129*** （4.4781）	–7.2673*** （3.1339）
Wald 检验	318.81 [0. 000]	491.27 [0. 000]	276.63 [0. 000]
Hausman 检验	0. 000	0. 000	0. 000
固定效应	Y	Y	Y
R^2	0.8135	0.8798	0.8217
观测值	108	81	81
横截面数	12	9	9

注：***、**、* 分别表示 1%、5%、10% 的显著性水平，实证的结果均由 STATA12 计算并整理得出，方括号内是 Wald 检验的 p 值，圆括号内是稳健的标准差。

资料来源：经笔者计算整理而得。

这里仍然使用前文的分析方法来对地区层面进行分析：通过Hausman检验选择固定效应模型，由数据结果可知，东部地区、中部地区、西部地区三个模型均通过Wald检验，且R^2值都比较高，东部地区模型R^2值为0.8135，中部地区模型R^2值为0.8798，西部地区模型R^2值为0.8217。这表明了模型的解释度较高。对回归结果的阐释如下：

对外直接投资对CO_2排放量有正向影响，和全范围宏观的结果相同。对外直接投资的增多加重了本国的碳排放量。东部地区的对外直接投资对CO_2

排放量的影响没有中、西部地区显著。表5-9显示中西部地区的对外直接投资远低于东部地区，可是与当地CO_2排放量的关系不成比例，正好契合了前人的观点：我国正在向东、中、西部地区转移高污染和高能耗产业[①]，庞大的对外投资象征着高速发展的经济水平，但相应比例的碳排放却没有随着这种高速经济发展而来，产业转移的直接效应就由此体现出来。由数据可知，在我国中部地区和西部地区，对外直接投资的增加都提高了地区的碳排放，对外直接投资每增加1%，中、西部地区的CO_2排放量分别增加0.1277%和0.1044%。

影响我国高碳排放的重要因素依然是经济规模。在地区分析中，经济规模仍然与我国的碳排放呈正效应，并且都相当显著地体现在了这三个地区，这也与全国层面分析保持了一致，从东部地区到中部地区再到西部地区，因经济规模增大而带来的碳排放正效应依次递减。

可以肯定的是，因为受教育水平与科研投入在地区回归分析中均与我国的碳排放呈负相关关系，所以是降低我国CO_2排放量的首选途径。但是，科研投入在中、西部地区的减排效果并不太好，大部分受制于国家相关投入存在的区域不平衡。东部发达地区通常较多，而中、西部则相对较少；在我国东、西部地区受教育水平显示为显著负效应，而对碳排放的影响在中部地区则不显著。

我国碳排放的重要因素之一是能源结构不合理。能源结构在地区分析中仍会显示出正效应，但在中、西部地区，能源结构的正效应就比东部地区显著得多，东部地区的能源结构的正效应就稍弱一些，这反映了在我国东部地区存在的高能耗企业转移现象，也印证了环境治理投资并不能减少我国的碳排放量。结论与全国层面分析保持一致，在地区层面分析中，环境治理投资仍然与我国的碳排放呈正效应。这样的结果敦促我国选择更加合理有效的方法重视并处理“三废”。

（三）相关政策建议

本书实证结果表明，国内碳排放并不会因为我国的对外直接投资而减

① 俞毅. GDP增长与能源消耗的非线性门限——对中国传统产业省际转移的实证分析[J]. 中国工业经济，2010（12）：57-65.

少，因为对外直接投资每增加1%，国内CO_2排放量将上升0.0914%。造成这一结果的重要原因之一，很可能是我国对外直接投资流向并不是国外高能耗产业，而是租赁服务业①；同时，我国对外直接投资的流出促使国内的产业结构发生了变化，进而增加了本国的碳排放。在地区层面的分析中，我国东部地区对外直接投资对国内碳排放的正效应并不显著，在中西部地区却十分明显，这可能是我国高能耗企业从东部地区向中、西部地区转移的缘故，而这也在能源结构的回归分析中得到了验证。

中国的碳排放在排名上非常靠前，所以我们应该意识到减少碳排放的重要性。

首先，应着力减轻对我国外汇的束缚，要求相关部门在简化对外投资审批程序上有所突破；更重要的是能够引导对外投资去选择低碳排放的行业，并对这样做的企业给予相应的资金或者政策上的鼓励。其次，可以通过对外直接投资加强与他国进行能源开发合作，不断开发出新能源，用清洁能源代替传统能源，从而提高能源利用效率，在国家之间降低对碳的能耗和排放强度。例如，鼓励技术寻求型对外直接投资，学习发达国家先进的低碳技术，从而实现低碳经济的长远发展②。

立足于产业，我国在资源、能源开采业，初级产品加工业，劳动密集型加工制造业，高新技术产业上对对外直接投资在促进国内低碳经济发展中有重要作用。碳排放权在国家间的转移和被充分利用可以保障经济建设对资源和能源的需求，并且能够分到在世界资源与能源市场中的一杯羹。另外，立足区域层面，东部地区对外直接投资所占的比重是最大的，因此它的碳排放效应为负；反之，对外直接投资占比较小的中、西部地区的碳排放效应显著为正。如此看来中部地区加上西部地区对外直接投资规模需要通过扩张来减少碳排放。

综上所述，有必要增加中部地区和西部地区对外直接投资。这样不仅可以促进地区经济的向前发展，还可以综合降低碳排放。为了保障对外直接投

---

① 根据2011年对外直接投资统计公报，我国2011年对外直接投资34.3%流向租赁和商业服务业，而制造业和能源行业总共只占11.9%。

② 刘海云，李敏．中国对外直接投资的母国碳排放效应研究[J]．中国工业经济，2016，35（8）：12-18.

资的长远发展，我国还需要加强对对外直接投资方面有关法律的完善，同时完善政府对企业对外直接投资的监督与服务体系。政府可通过外交与更多国家建立双边投资保护协定，以“低碳外交”促进低碳投资，通过更广泛的对外投资促进低碳经济的深入发展。

第四节　本章小结

本章将研究的重点放在了对中国对外直接投资促进产业结构趋于合理化以及高度化的问题上，可以说是将中国对外投资的影响具体到了产业结构的具体方面。并在此基础上提出、检验了中国对外直接投资对国内产业结构升级空间溢出效应的深化研究倾向，并且依照相关方法和数据得出了相应的结论。

一方面，选取系统GMM的计量方法研究中国对外直接投资对省际产业结构合理化与产业结构高度化的总体影响和区域差异，在这个过程中需要克服的是由变量选取带来的难以轻易避免的变量自回归与内生性问题，通过相关处理已经解决。

能够得出的结论是，中国对外直接投资是促进国内产业结构升级的重要路径之一。表现在省际对外直接投资的累积在助力降低省际的产业结构不合理程度，促进当地产业结构相互之间协调发展的同时，带动产业结构的高度化，促进当地产业结构水平提升。它们之间的统筹兼顾会促进省市产业结构状况的升级，并利用产业结构的升级进一步推动当地产业结构为下一期的优化升级蓄力。相比较而言，我们还要充分把握的是：中国经济发展的地区不平衡效应所带来的对不同地区产业结构升级和对外直接投资规模不同程度的影响，即基于空间溢出效应理论，把握中国不同地区间产业结构升级和对外直接投资存量的全域空间关联与局域空间之间的关系。进一步发现，以本身为对象，产业结构的协调发展不仅受到本省对外直接投资增加的直接影响，还或多或少地受到周围邻近地区，特别是相邻或者具有共同边界的省份的相关投资情况的影响。因此，中国对外直接投资的空间溢出效应的影响特点初步集中在产业结构合理化，反之对高度化产生的作用尚不突出。

另一方面，关于中国对外直接投资对产业结构清洁性问题也被纳入了考虑范围。碳排放并没有因为我国对外投资的增加而减少，从研究呈现出来的数据表明这个指标反而呈上升趋势。究其原因可能是以下两点：首先，我国对外直接投资针对的是租赁服务业；其次，我国高能耗企业从东部地区转移到了中、西部地区有一定的可能加大西部地区碳排放，所以东部地区有所缓和。

第六章　不同投资动机对外直接投资对国内产业结构升级的影响

根据前述理论讨论与分析，可以看出对外直接投资的目的通过不同的方式影响中国产业结构升级。然而，在现有研究中并未很好地回答其实际作用效果究竟如何，中国对外直接投资的统计数据比较粗糙，微观层面的统计数据十分贫乏，导致了这一问题的产生，使中国对外直接投资动机的识别变得相当困难。本次研究首先充分利用了中国许多有关对外直接投资的官方统计数据，在综合主观判断和客观检验的基础上将中国在167个东道国（地区）的对外直接投资进行投资动机分类；其次从产业层面分别检验了资源、市场、效率和战略性资产寻求型等对外直接投资对国内产业结构的高度化和合理化的影响；最后在收集和整理企业微观对外直接投资数据的基础上，检验了不同投资动机对对外直接投资对微观企业产出的影响，以此来完善本书的微观支撑。

第一节　中国对外直接投资的动机识别

对外直接投资的动机识别并非易事。一是对外直接投资往往体现公司甚至国家的战略决策，为了不轻易暴露企业或国家的战略意图，往往会在进行关键对外直接投资时释放某些“烟雾弹”迷惑对手，从而加大了对外直接投资动机识别的难度；二是由于我国对外直接投资开始时间晚、统计数据相对较少且粗糙、统计方法和制度都不够完善，使得使用数据分析其投资动机异常困难。但是，现有一些文献克服了许多困难，利用了多种方法试图从目前仅有的数据中来简单地看清中国对外直接投资的动机。比如，Dunning（1993，1999）的分类方法理论，将对外直接投资分为市场寻求型（Natural Resource-Seeking）、自然资源寻求型（Market-Seeking）、战略性资产寻求型（Efficiency-Seeking）和效率寻求型（Strategic Asset- Seeking）四种类型，其各自具有的突出特征，使我们获得了分辨对外直接投资动机的基础。

一、对外直接投资动机识别的主要方法

潘素昆和袁然（2014）通过分析对外直接投资东道国（地区）的特征反推其动机。比如，伊朗、南非、沙特阿拉伯这种拥有丰富矿产资源和石油的国家，其具有自然资源方面的天然优势。所以，中国对于这些国家的直接投资，可以看成是自然资源寻求型。在无法得到详细数据的情况下，这种反推方法十分可行，可以简单表述我国对外投资动机的分布特征。但是上述研究理论对于中国的对外直接投资的分类过于主观、随意，所以缺陷也相当明显。王碧珺（2013）[①]收集整理了1500多个企业的相关数据以获得我国对外直接投资的真实情况，他首先通过收集企业相关信息以及分析企业相关数据，初步判定企业投机动机；其次利用Probit计量模型进行专业化的实证分析，以检验初步判定结果的合理性。这是一种主客观相结合的判定方法，虽然有一定的可操作性，但是由于这样的方法主要依靠企业层面的详细数据，并且所选企业是不是具有代表性也会影响到这一方法的有效性。而在本书中，大量的企业相关数据无法获得，所以需要在尽量降低判断主观性的基础上，从宏观角度入手。所以，研究同时使用了上述两种方法。首先确定东道国（地区）的特征，利用反推方法初步判定投资动机；其次使用Probit计量模型，对核心变量的显著性加以检验，进而确认初步判断是不是有效。

截至2013年底，中国的境外投资范围已经拓展到了184个国家。在收集了2004—2013年中国对这184个国家的对外直接投资存量、GDP、人均GDP、自然资源储量、高新技术水平、汇率水平、通货膨胀指数、制度质量

① 王碧珺. 被误读的官方数据——揭示真实的中国对外直接投资模式[J]. 国际经济评论，2013（1）：61-74+5.

水平、对中国发起反倾销的次数，以及是否与我国接壤，是否与我国签署自由贸易协定、设立自贸区等虚拟变量，来协助判断我国对外直接投资的动机。本书参照Kolstad和Wiig①使用的方法，东道国（地区）的自然资源储量用东道国（地区）自然资源出口的比重来表示。参照《国际贸易标准分类》（SITC），对自然资源的种类进行分类与确定，结合UNCTAD数据库中的三分位贸易数据，最终选取了20种自然资源作为一国资源状况的代表②。本书先参考《高新技术产品进出口统计目录》，确定高新技术产品；然后通过计算其东道国（地区）的出口比重，以表示技术水平；再根据数据可获得的33种高新技术产品③，以代表东道国（地区）高新技术禀赋。通过收集世界六个竞争力指数的相关信息，本书最终选取政治稳定性指数来衡量一国的制度质量。上述指标计算过程中所需的数据大多是从《2013年中国对外直接投资统计公报》、UNCTAD数据库、世界银行和各国的国家统计局网站等渠道获取。通过计算，共有17个东道国（地区）存在严重数据缺失的问题而从总样本中去除，本书最终得到了114个发展中国家、16个转型经济体及37个发达国家，共167个东道国（地区）的数据。

利用上述指标的数据首先就中国在167个东道国（地区）对外直接投资的投资动机进行初步判断，其次构建Probit模型进行相关计量结果的分析，如式（6-1）所示。

$$\begin{aligned} P(y_i=1|x_i)&=F(x_i,\ \beta)=\Phi(x_i'\beta)\equiv\int_{-\infty}^{x'\beta}\phi(t)\mathrm{d}t \\ P(y_i=0|x_i)&=1-F(x_i,\ \beta)=1-\Phi(x_i'\beta)\equiv1-\int_{-\infty}^{x'\beta}\phi(t)\mathrm{d}t \end{aligned} \tag{6-1}$$

其中，被解释变量y的取值服从两点分布，i是代表动机的虚拟变量，四种类型是市场寻求型、自然资源寻求型、战略性资产寻求型和效率寻求型。如果被解释变量属于类型中的一种动机，则虚拟变量取值为1，反之则取值为0。

---

① Kolstad I，Wiig A. What determines Chinese outward FDI? [J]. Journal of World Business，2010，47（1）：26-34.

② 在UNCTAD数据库中这20种自然资源的代码分别为：277，278，281，283，284，285，286，287，288，289，333，334，682，683，684，685，686，687。

③ 在UNCTAD数据库中这33种高新技术产品的代码分别为：522，525，531，541，542，574，591，714，718，728，731，733，735，737，751，752，759，763，764，772，773，774，776，778，792，871，872，874，881，884，891，898，899。

$F(x, \beta)$ 是标准正态的累积分布函数，x 为判断投机行为的解释变量，会根据投机行为的不同而做出相应调整。但需要特别关注的是，Probit 回归模型得到的回归系数并不是解释变量的边际效应，由式（6-2）可知，在非线性模型中，变量的边际效应并不是常数，而是随着解释变量变化

$$\hat{\beta}_{ME}=\frac{\partial P(y_i=1|x_i)}{\partial x_k}=\frac{\partial P(y_i=1|x_i)}{\partial(x_i'\beta)}\times\frac{\partial(x_i'\beta)}{\partial x_k}=\phi(x_i'\beta)\times\beta_k \quad (6\text{-}2)$$

实际上，对于经济学来说，相关研究多数使用变量的平均边际效应[①]。

二、自然资源寻求型对外直接投资动机的识别

一国出于对东道国（地区）自然资源的索取而产生的对外直接投资，被识别为“自然资源寻求型”，这一投资和这个国家的自然资源储量是高度相关的。本书通过东道国（地区）自然资源出口额占出口总额的比重和占东道国（地区）GDP的比重，来反映东道国（地区）自然资源禀赋的比较优势和东道国（地区）自然资源对东道国（地区）经济增长的拉动效应。尽管这两个与自然资源相关的比重，其本身就具有高度相关性，但是体现了各自的特点，对于东道国（地区）的自然储备来说，是一种既优秀又有效的测度方法。

本书对于自然资源储备量丰富与否的判定基准，选取的指标是2003年东道国（地区）自然资源出口额占总出口额的比重（*Rexport*），即高于其指标平均值的东道国（地区）被视为自然资源储量丰富的东道国（地区）。在2003年前，中国对外直接投资投资额很少，所以2003年被当作了基准年份。在2003年以后，中国逐渐成为世界上最大的铁矿石、锡、铝等消费国，国内市场面临供需不平衡，需求短缺的情况，政府积极鼓励企业“走出去”。所以在政策导向的支持下，中国对外投资迅速扩张。2003年也成为我国对外投资历史上的一座里程碑。

接下来，本书的第二次筛选以2008年东道国（地区）*Rexport*指标值作为依据，筛选的时候，*Rexport*指标值在2003年和2008年均高于167个东道国（地区）*Rexport*指标平均值的国家被当作了自然资源储量丰富的东道国（地区）。

① 陈强.高级计量经济学及STATA应用（第二版）[M].北京：高等教育出版社，2014：171.

把2008年当成考虑年份，是因为中国对外直接投资在2008年以后出现了一个小高峰，2008年国际金融危机的爆发，不仅给金融市场带来了极大的冲击，对于实体产品来说，许多优质资产变得便宜，这为许多中国企业创造了机遇，使得它们可以走出国门，利用国际市场上优质的要素得以发展。最后，本书分别把2003年和2008年这两年东道国（地区）资源出口额占东道国（地区）GDP的比重（*Rgdp*）这一指标作为参考因数进行研究，结论表明，167个东道国（地区）中共有63个国家被选作资源寻求型对外直接投资的目的地。

本书对自然需求型对外直接投资动机进行了初步判断后，对2011年截面数据①进行了Probit回归。

回归实验的过程中，设定初步选出的63个东道国（地区）为虚拟变量，其被设定为1，其他国家被设定为0；*Rexport*和*Rgdp*分别被选择为解释变量，来验证被选中的63个东道国（地区）是不是在2011年仍然被中国当作资源寻求型对外直接投资的目的地。为进行稳健型检验，在此基础上又进行了一次logit回归，结果见表6–1。由此可见，模型顺利通过了LR chi2检验，Pseudo R^2值接近0.7，表现出模型的整体回归效果比较好。*Rexport*和*Rgdp*的回归系数和边际效应在Probit回归和logit回归中均通过了显著性检验，有效解释了模型中92.22%的样本数量。由此可知，前文的分析判断是具有很强的可信度的，将中国在上述63个东道国（地区）的直接投资看作自然资源寻求型对外直接投资是相当正确的。

表6–1　自然资源寻求型对外直接投资动机回归结果

资源寻求型对外直接投资动机	Probit 回归		logit 回归	
	回归系数	边际效应	回归系数	边际效应
Rexport	3.7836* （1.77）	1.2212** （2.08）	6.7366* （1.84）	1.2229** （2.25）
Rgdp	6.6099*** （4.63）	2.1334*** （4.04）	12.2284*** （4.43）	2.2198*** （3.42）
正确预测比重	92.22%		92.22%	

① 选取2011年主要是考虑到2011年以后的中国对外直接投资呈稳步上升态势，同时有助于验证根据2003年和2008年的数据筛选出的国家是否对2011年的数据同样适用，有助于检验前文的初步判断是否成立。

续表

资源寻求型对外直接投资动机	Probit 回归		logit 回归	
	回归系数	边际效应	回归系数	边际效应
样本量	167		167	
LR chi2（2）	153.24***		153.6***	
Pseudo R^2	0.6956		0.6972	
log likelihood	–33.5353		–33.3557	

注：***、** 和 * 分别表示在 1%、5% 和 10% 的显著性水平下显著，括号内的值是回归系数的 t 值。

资料来源：经笔者计算整理而得。

三、其他三种对外直接投资动机的识别

我们遵循相同的思路，对效率寻求型、市场寻求型和战略性资产寻求型的对外直接投资动机进行了判定。在判定效率寻求型对外直接投资动机时，本书选取了表示劳动力成本的人均GDP（*PGDP*）变量，筛选出2003年和2008年人均实际GDP均低于中国对应年份的东道国（地区）；用东道国（地区）对中国的汇率水平（*Exrate*）这一变量来反映中国资本流向东道国（地区）的汇兑成本，东道国（地区）的通货膨胀水平也可以通过东道国（地区）CPI指数（*CPI*）反映出来。最后，在综合考虑上述三个变量的基础上，62个东道国（地区）被筛选出来作为效率寻求型对外直接投资的东道国（地区）。

在对市场寻求型对外直接投资动机进行判定时，用人均GDP（*PGDP*）和GDP总额（*GDP*）分别表示东道国（地区）的人均收入水平和市场规模，2003年和2008年高于中国人均GDP（*PGDP*）的国家和对应年份GDP总额高于167个东道国（地区）GDP平均值的国家被作为重点关注对象，东道国（地区）对中国发起的反倾销次数（*Antidum*）变量也被作为重要参考要素来做进一步判断。简单地说，东道国（地区）对中国发起反倾销的次数与以拓展市场为主要目的的反倾销跨越型对外直接投资高度相关，同向变化[①]。经初步判断，本书筛选出67个东道国（地区）。

① 李猛，于津平．中国反倾销跨越动机对外直接投资研究[J]．财贸经济，2013（4）：76–88.

对战略性资产寻求型对外直接投资动机的判定，人均GDP（*PGDP*）和高新技术产品出口占总出口的比重（*Hitech*）可以用来衡量一个国家战略资产的丰富度。经济发展更快的国家相较于经济发展迟缓的国家具有更高的人均收入和更快发展的高新技术产业，产业链完备度和产业发展水平都更高，也拥有更多的战略资产。根据这两个标准，2003年和2008年人均GDP（*PGDP*）和高新技术产品出口占总出口的比重（*Hitech*）高于对应的167个东道国（地区）平均值的国家被重点考虑，本书在参考过东道国（地区）GDP总额指标后，45个战略性资产寻求型对外直接投资目的国被初步确定。

最后，在对上述三种投资动机进行初步判断的基础上，利用Probit回归模型进行实证检验，回归结果见表6-2。

表6-2　其他三种对外直接投资类型检验的Probit回归

变量	效率寻求型		市场寻求型		战略性资产寻求型	
	回归系数	边际效应	回归系数	边际效应	回归系数	边际效应
Exrate	−0.3723*** （−4.58）	−0.1090*** （−7.3）				
CPI	0.0075*** （2.74）	0.0022*** （2.59）				
Antidum			0.1219*** （3.44）	0.0118*** （4.01）		
PGDP			0.00003*** （4.20）	0.00001*** （4.13）	0.00004*** （3.92）	0.00001*** （3.74）
Hitech					15.2689*** （6.32）	3.6069*** （4.67）
正确预测率	80.98%		76.83%		91.57%	
样本量	163		164		166	
LR chi2（2）	67.30***		60.13***		136.1***	
Pseudo R^2	0.3108		0.2711		0.7016	

注：***、** 和 * 分别表示数据在1%、5%和10%的显著性水平下显著，括号内的值是回归系数的 *t* 值。

资料来源：经笔者计算整理而得。

由表6-2的回归结果可以看出，中国对外直接投资的三种投资动机Probit回归结果均通过了LR chi2检验，变量的回归系数和边际效应在1%的显著性水平下都通过了统计检验，且有效解释了75%以上的样本量，这表明前文做出的初步判断基本是与事实相符的。

但是，本书相较于潘素昆和袁然（2014）的分类方法，结合中国实际情况，增加了投资动机之间交互的判断。本书在对四种投资动机进行判断后发现，中国向同一东道国（地区）的对外直接投资可能存在多种投资动机。例如，中国在85个东道国（地区）的投资都存在两种或两种以上的投资动机，所占比例达到50.9%，并且同时存在三种动机的对外直接投资还有8个东道国（地区）。比如，中国在越南的直接投资就包含了资源寻求型、市场寻求型和效率寻求型，这与中国对外直接投资的实际更为相符。

Pietrobelli等（2013）通过对中国在意大利海外分支机构的中层管理人员的访谈数据的缜密分析，得出与本书类似的结论，即中国对意大利的投资不仅仅是为了扩大国际市场，更是想要学习相关知识，吸收国外先进的技术，以获得有形和无形资源。这一技术寻求型动机在技术密集部门更为明显，比如汽车和家电部门等。①

除此之外，通过上述方法进行投资动机识别后发现，中国在22个东道国（地区）的直接投资动机不被包含在上述四种对外直接投资动机中。经过初步判断和对这22个东道国（地区）的国家特征进一步分析后，对22个东道国（地区）中一些国家的投资动机进行了调整。例如，对某些自然资源储量比较丰富的国家进行分析，可以认定中国对乌拉圭、津巴布韦、塞舌尔的直接投资为资源寻求型；而斯洛伐克具有丰富的自然资源和旅游资源，所以本书认为中国在斯洛伐克的直接投资动机为资源寻求型和市场寻求型。

因为一些东道国（地区）缺少国家特征鲜明性，以及中国在某些国家的投资存量的数据缺失和数量微小，所以中国在相应的18个国家和地区的直接投资动机不予认定，最终经过调整后，67个东道国（地区）被中国确定为资源寻求型投资、62个东道国（地区）被确定为效率寻求型投资、68个东道国（地区）被确定为市场寻求型投资、45个东道国（地区）被确定为战略性资产寻求型投资。

---

① Pietrobelli C，Rabellotti R，Sanfilippo M.What drives Chinese multinationals to Italy？[M]. Berlin Heidelberg：Springer，2013.

第二节　基于投资动机的中国对外直接投资分析与模型构建

一、中国对外直接投资动机的描述性分析

依据前文的理论机制，我们对中国对外直接投资的投资动机进行了较好的分类，如表6–3所示。

表 6–3　中国各种类型投资动机的东道国（地区）数量分布情况　单位：个

中国对外直接投资动机	东道国（地区）数量	发达地区数量	转型经济体数量	发展中地区数量
自然资源寻求型	67	4	7	56
效率寻求型	62	0	7	55
市场寻求型	68	27	4	37
战略性资产寻求型	45	30	0	15

资料来源：经笔者计算整理而得。

由表6–3可知，中国对外直接投资的战略性资产寻求型动机和市场寻求型动机更多反映在发达国家和地区。广大的发展中国家和地区以及转型经济体由于其丰富的自然资源和劳动力，更多地体现了中国自然资源寻求型和效率寻求型的投资动机，此结论与国际上多项研究的结论具有一致性。但是由于不同的投资动机，本书将中国直接投资进行加总，就得到了2004—2013年中国对外直接投资四种不同投资动机的时间序列数据，见图6–1。

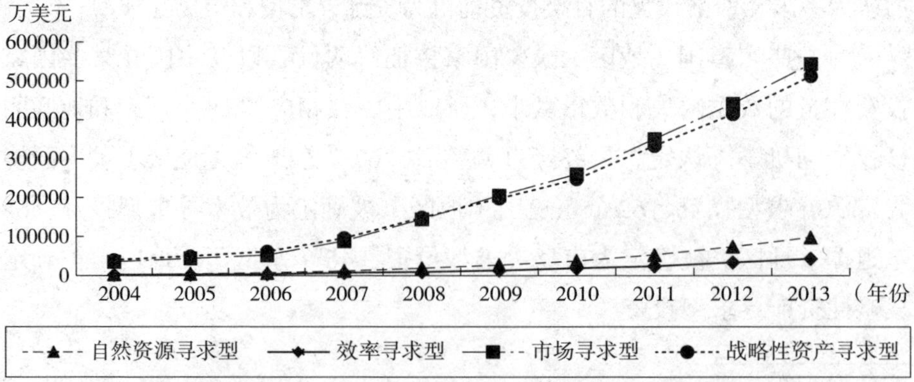

图 6–1　2004—2013 年中国四种投资动机对外直接投资的变化趋势

资料来源：笔者绘制。

由图6–1可以看出，自2004年以来，中国四种不同投资动机对外直接投资存量获得了较大幅度提升，尤其是2006年以后特别显著，这说明了中国在自然资源寻求型、市场寻求型、效率寻求型和战略性资产寻求型的对外直接投资方面在近10年均有了较大发展，极可能是因为政府相关政策导向的变化：2004年中国对外直接投资由审批制转向核准制，适度放松的管制，又建立了我国对外直接投资的法律体系，综合性与专业化管理相协调后，极大地促进对外投资发展而产生的对外直接投资的激增导致的。

2005年，财政部和商务部进一步完善相关基础政策，明确了对境外投资的直接补助和贴息支持，这也是中国对外直接投资快速发展的原因之一。由于不同类型对外直接投资的变动幅度是不同的，且差异化明显，市场寻求型和战略性资产寻求型对外直接投资存量相较于自然资源寻求型和效率寻求型对外直接投资存量，在整体对外直接投资额中占据了更大的比重，而且这一趋势在2006年得到了强化，并且在2010年继续增强。

相对来说，效率寻求型对外直接投资存量增长比较平稳，数量相对较小，说明中国对外直接投资主要动机并非效率寻求型。此外，自然资源寻求型对外直接投资一直以来备受争议。通过本书的计算，此次研究发现中国自然资源寻求型对外直接投资存量虽然增速快，年均增长率达到了48.63%，但存量仍然较小。主要原因在于自然资源寻求型对外直接投资敏感度比较高，相较于其他动机类型，在东道国（地区）更可能面临更多阻力，使得自然资源寻求型对外直接投资耗时长、成功的概率相对较低。另外，比如伊朗、伊拉克这种自然资源存量丰富的国家和地区多为政局不稳定地区，政局不稳定使得企业协作发展面临极大障碍。这就进一步增加了中国企业实施资源寻求型对外直接投资的难度和成本。

通过上文分析可知，中国对外直接投资的四种投资动机被有效区分，在这个基础上，我们的研究更关心持续增长的四种投资动机对外直接投资对国内产业结构升级的作用效果，但是这需要通过进一步的实证检验来回答。

二、样本数据处理与说明

本书构建基于不同投资动机的截面数据模型来进行计量分析，是为了增加实证研究的样本数量。具体来说，本书首先计算2004—2008年和2009—2013年中国在167个东道国（地区）的对外直接投资存量的平均值，并按照前文对上述国家做出的投资动机分类，分别构建自然资源寻求型、市场寻求型、效率寻求型和战略性资产寻求型对外直接投资这四种类型的截面数据模型进行回归。

对于自然资源寻求型对外直接投资数据，我们做了以下处理。首先，通过Probit模型识别检验后，可以确定中国于2004—2008年在67个东道国（地区）的对外直接投资可以被当作自然资源寻求型对外直接投资，所以将中国于2004—2008年和2009—2013年两个时间段在上述67个东道国（地区）的投资存量分别求平均值，可以得到中国在67个东道国（地区）关于自然资源寻求型对外直接投资存量的两个截面数据序列。其次，对中国产业结构升级指数在2004—2008年和2009—2013年两个时间段做简单平均去实现对上述两个数据序列的一一对应。但是这时数据处理困难的地方就是对应时间段内国内产业结构升级指数平均值是唯一的，不能够和67个东道国（地区）的数据进行一一匹配。因此，本书引入了“以中国与东道国（地区）首都之间的球面距离作为国内产业结构升级指数的加权矩阵完成对国内产业结构升级指数的有效拆分”的距离权重。同时，本书将中国与东道国（地区）首都之间的球面距离同中国与67个东道国（地区）中最远的首都球面距离相除作为中国与各个东道国（地区）相对应的距离权重，就是为了保证权重矩阵中的所有值位于0~1。

按照上述方法进行数据处理后，本书得到了中国国内产业结构升级指数与中国自然资源寻求型对外直接投资存量在2003—2008年和2009—2013年两个时间段内一一对应的截面数据，这些截面数据当中包含了67个样本。这种处理方法可以被使用是它隐含着一个重要假设，即在控制中国对外直接投资动机相同的情况下，随着中国与对应东道国（地区）地理位置的增加，我国对外投资产生的国内产业结构升级的作用效果会减弱。

由于地理距离的外生性，验证了这个假设的合理性。从而有助于规避诸如经济距离等权重存在的内生性问题；而且由于地理距离的特殊性质，可以在一定程度上表示文化距离、心理距离等其他影响技术溢出的因素，它也是一个影响交易成本、运输成本的重要变量。文化距离、心理距离与地理距离呈现正相关关系，其两者随着地理距离的增大而同向变化。同时，与它联系紧密的交易成本和运输成本增加，这不但会在一定程度上降低中国对外直接投资对该东道国（地区）的直接投资，而且不利于自然资源的运回、技术和战略资产的逆向溢出，这样会大大降低中国在该东道国（地区）的直接投资与国内产业结构升级关系的强度。

三、基础计量模型的构建

根据前文的分析，此计量模型仍然通过用产业结构泰尔指数（$\ln TI$）和产业结构高度化指数（$\ln UI$）来衡量产业结构的升级情况。回归模型见式（6–3）。

$$\ln indup_i = \alpha + \delta \ln OFDI_i + \gamma' X + e \tag{6–3}$$

其中，$\ln indup_i$表示产业结构升级指数，在实际计算中可以用$\ln TI_i$和$\ln UI_i$来表示。虚拟变量i表示中国对外直接投资的投资动机，具有四种类型：自然资源寻求型、市场寻求型、效率寻求型和战略性资产寻求型。X就是东道国（地区）的特征因素，由于其在对外直接投资中没有作用效应，但对于我国产业结构仍有影响，所以单独列为控制变量。e可以看作独立同分布的随机误差项。

第三节　不同动机对外直接投资对国内产业结构升级的作用

一、自然资源寻求型对外直接投资与国内产业结构升级

目前，对于自然资源寻求型对外直接投资与国内产业结构升级的效用联系仍存在不同看法，主要分为两种：一是国内关键资源、能源的供给由于自然资源寻求型对外直接投资的增加都扩大了，稳定了预期，这样能帮助到与自然资源相关的上下游产业的发展，特别是那些把关键资源作为投入要素的高新技术产业的进步。二是自然资源供给量的增加，比如传统能源和资源，这种供给量的增加大大缓解了国内资源稀缺问题，使得过去依赖这些稀缺资

源的产业面临的退出压力减小。但与此同时，随着一些高能耗、高排放产业由于原料充足促进的发展，其规模的扩大会影响本国生态环境，甚至恶化整个国内产业结构。

由于理论上出现分歧，对这一问题的实证探索就变得更加重要。但当前面临的问题是现有的文献对自然资源寻求型对外直接投资与国内产业结构升级关系的实证检验十分缺乏。我们此次研究试图从两个方面来对这一问题进行改善。首先，不使用仅包含样本量为10的时间序列回归。而是扩大样本量并采用分阶段的截面回归，获得更加稳健的结果。其次，本书增加了更多控制变量，相较于只包含核心解释变量对外直接投资的一元回归，增添了除特征因素外的其他影响国内产业结构升级的东道国（地区）特征因素，进行多元回归及各项稳健型检验，保证了本书结果的准确性。

图6-2展示了在时间段2004—2008年及2009—2013年自然资源寻求型对外直接投资存量（$\ln OFDI_{nr}$）与产业结构高度化指数（$\ln UI$）和产业结构泰尔指数（$\ln TI$）的关系。

从图6-2中可以看出，$\ln OFDI_{nr}$与$\ln UI$之间的变动关系是正向并且显著的，而与$\ln TI$之间的变动关系是显著反向的，而且在2009—2013年这一时间段内这两种趋势是有所加强的。在此基础上，本书将通过构建实证模型进一步检验$\ln OFDI_{nr}$与$\ln UI$和$\ln TI$的因果关系。除$\ln OFDI_{nr}$外，本书将虚拟变量“中国与东道国（地区）在历史上是否存在隶属关系（*colony*）和中国与东道国（地区）是否具有共同语言（*comlang*）”引入实证模型中，用以表示中国与东道国（地区）之间的文化距离。

文化距离捕捉的是中国与东道国（地区）之间除了运输成本以外的其他交易成本，简言之，文化距离与中国向东道国（地区）进行对外直接投资的交易成本之间的关系越是正向变化[①②③]，并且文化距离越大，就越会提升东

① Bartlett C A，Ghoshal S. Managing across borders：The transnational solution [M]. Cambridge：Harvard Business School Press，1989.

② Rauch J E. Network versus markets in international trade [J]. Journal of International Economics，1999，48（1）：7–35.

③ Bhaumik S K，Co C Y. China's economic cooperation related investment：An investigation of its direction and some implications for outward investment [J]. China Economic Review Greenwich，2011（22）：75–87.

道国（地区）未解码的信息及资源向国内反向溢出的难度[①②]。

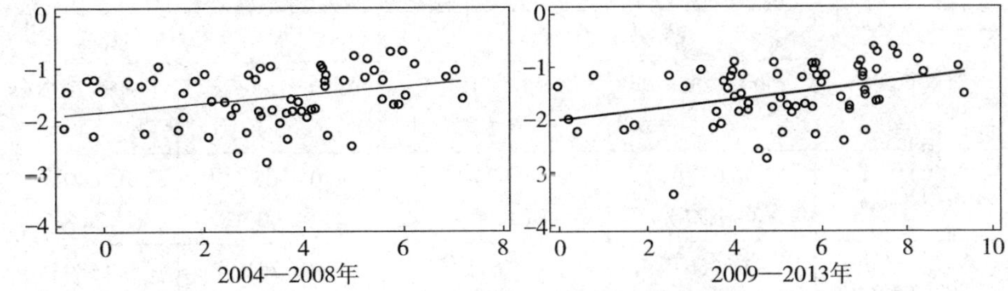

（a）$\ln OFDI_{nr}$与$\ln UI$关系散点图

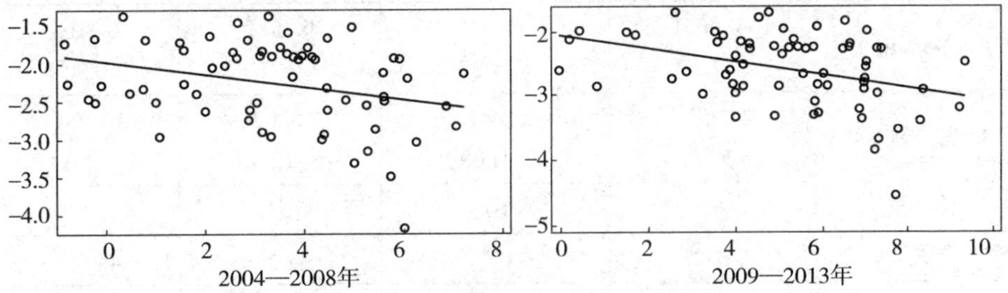

（b）$\ln OFDI_{nr}$与$\ln TI$关系散点图

图 6-2　$\ln OFDI_{nr}$ 与 $\ln UI$ 及 $\ln TI$ 关系的散点图

资料来源：笔者绘制。

因此，实证模型构建为

$$\begin{aligned}\ln UI_j &= \alpha_1+\delta_1\ln OFDI_{nr}+\gamma_1 colony+\gamma_2 comlang+e_1\\ \ln TI_j &= \alpha_2+\delta_2\ln OFDI_{nr}+\gamma_3 colony+\gamma_4 comlang+e_2\end{aligned} \tag{6-4}$$

在模型中，当东道国（地区）的官方语言（之一）与中国的官方语言相同的时候，*comlang*就取值为1；当东道国（地区）与中国在历史上都隶属于同一个国家的时候，*colony*就取值为1。上述两个指标所需数据均来源于CEPII数据库。表6-4就是此模型的回归结果。

① Guellec D，B.P.de la Potterie.The internationalization of technology analysed with patent data[J]. Research Policy，2001，30（8）：1253-1266.

② Chen V Z，Li J，Daniel M S.International reverse spillover effects on parent firms：Evidences from emerging—market MNEs in developed markets[J]. European Management Journal，2012，30（3）：204-218.

表 6-4 $\ln OFDI_{nr}$ 对 $\ln UI$ 及 $\ln TI$ 的实证回归结果

自然资源寻求型对外直接投资				
解释变量	$\ln TI$		$\ln UI$	
	2004—2008 年（1）	2009—2013 年（2）	2004—2008 年（3）	2009—2013 年（4）
$\ln OFDI_{hitech}$	−0.0571*（−1.87）	−0.0744**（−2.6）	0.0668**（2.00）	0.0840***（2.68）
$\ln hitechrd$	−1.8066***（−3.67）	−1.7691***（−3.69）	0.7251（1.35）	0.6897（1.32）
comlang	−0.4651（−1.3）	−0.4175（−1.2）	0.3571（0.91）	0.3108（0.82）
常数项	−2.0253***（−17.51）	−2.2047***（−14.08）	−1.8202***（−14.4）	−1.9504***（−11.39）
样本量	67	67	67	67
F	7.67***	9.07***	3.02**	4.15***
调整后的 R^2	0.2326	0.2684	0.0839	0.1253

注：***、** 和 * 表示在 1%、5% 和 10% 的显著性水平下显著，括号内的值是回归系数的 t 值。
资料来源：经笔者计算整理而得。

从表6-4中可以看出，上面所提到的四个回归模型的F统计量都通过了5%及以上的显著性统计检验，调整后的R^2处于0.0839~0.2684，尽管数据较小，但仍在可接受的范围内。①

总的来看，上面所说的四个回归结果是有效的。就关注变量而言，在2004—2008年和2009—2013年自然资源寻求型对外直接投资均与$\ln TI$成反比，与$\ln UI$成正比，这说明了自然资源寻求型对外直接投资不仅能够降低产业结构的扭曲程度，还有助于提升国内产业结构的高度，国内产业结构升级就是受益于这两个方面。此回归结果与潘素昆和袁然（2014）采用时间序列回归方法得到的结论基本一致，也从实证上支撑了自然资源寻求型对外直接

① Bhaumik和Co（2011）的文章采用相似的做法，其样本量为118个，选用了15个变量，未经调整的R^2值仅为0.41；Buckley等（2007）的文章的模型回归后经调整后的R^2值也一度出现0.36。一般来说，截面数据回归中调整后的R^2值较小，但并不代表模型的拟合优度不好。

投资对母国产业结构升级的积极意义。除此之外，本书还发现了一些有趣的结论。

第一，当将不同时间段的回归结果进行比较时，2008年之后自然资源寻求型对外直接投资比前一时段（2004—2008年）自然资源寻求型对外直接投资，不论对降低国内产业结构的扭曲程度还是提升产业结构高度化水平的作用效果都更明显，这一结论与前文通过构建时间序列数据进行灰色关联分析得到的结论相一致。

第二，与以lnTI为因变量的回归方程相比，自然资源寻求型对外直接投资对国内产业结构高度化的影响更为显著，这是因为在因变量为lnUI的回归方程中，主变量ln$OFDI_{nr}$有更高的回归系数绝对值，显著性水平也更高。有这样的结果是因为随着中国经济的不断发展和人们环保意识的不断增强，过度消耗的自然资源以及日益恶化的生态环境不但成了制约中国经济进一步持续发展的重要因素，还成了当今社会上备受关注的重要问题①。随着国内环境压力的持续增长和人们环保意识的不断增强，政府愈加重视环境立法、执法以及环保产业的发展，在这几方面做出了更多的努力②。例如，国务院办公厅印发了《关于深化生态环境保护综合行政执法改革的指导意见》通知，提出要加强生态保护与污染防治相关部门的执法职责，各级人民政府需要对执法部门队伍进行有效整合，明确各执法部门的职能，提高执法效果，促使改革工作有效完成。自然资源寻求型对外直接投资对国内产业发展的不利影响在政府的努力下得到了限制，同时国内的优势产业、重点产业以及高新产业发展的要素供给压力也因此得到了缓解，产业结构也在更好地朝着高级化和合理化的方向顺利发展。

一方面，控制变量中的*comlang*在所有的回归结果中并不显著，这表明中国与东道国（地区）是否具有相同语言并没有显著影响自然资源寻求型对外直接投资的产业结构升级效应；虽然*colony*对国内产业结构泰尔指数的影

---

① Fang Y，Coté R P，Qin R.Industrial sustainability in China：Practice and prospects for eco-industrial development[J]. Journal of Environmental Management，2007，83（3）：315-328.

② 李树，陈刚，陈屹立.环境立法、执法对环保产业发展的影响——基于中国经验数据的实证分析[J].上海经济研究，2011（8）：71-82.

响显著为负，但却并没有明显促进产业结构的高度化。造成这个结果的原因是自然资源寻求型对外直接投资主要以东道国（地区）的自然资源和能源为寻求对象，由于这些资源性产品中所包含的未解码信息较少，从而使语言等因素在这类投资中发挥的作用也变得不那么重要。

另一方面，自然资源多属于敏感性资产，投资者对这些资源成功进行对外直接投资是因为投资者正确把握和理解东道国（地区）的相关法律、法规、行事方式，与中国在历史上存在某种附庸关系的东道国（地区）往往和中国一样都属于发展中国家，两者共享某些文化和观念，不但有助于资源寻求型对外直接投资的成功实施，还能进一步通过对外直接投资去补充国内资源供给，这样做可以让原来由于资源限制无法发展或扩大的产业扩张，还可以让国内产业结构的合理化程度得到提升。但是，因为自然资源尤其是来自发展中国家的自然资源中未解码技术和信息较少，这使通过转移资源来转移与之相关的信息和技术的可能性变得很低，这也使自然资源寻求型对外直接投资难以对国内产业结构高度化产生的影响是显著正向的。

二、效率寻求型对外直接投资与国内产业结构升级

因国内生产成本上升而将生产向更具成本优势的国际市场进行转移一般就是效率寻求型对外直接投资。这一转移过程对国内产业结构会产生较好效果，它不仅会减少国内劣势产业的生产要素占用，延长了劣势产业的生命周期，还用国外利润汇回国内的方式为新产业发展解决了资金风险，得到了资金保障；更促进了国内生产要素的重新排列组合，带动了更多资源向国内更具比较优势的产业转移，让国内产业结构的转型升级得到了带动。

图6-3明确表明$\ln TI$与$\ln UI$及$\ln OFDI_{ect}$之间的关系。从图6-3中可以看出，效率寻求型对外直接投资与国内产业结构高度化之间的关系是正向变动的，与产业结构泰尔指数之间的关系是反向变动的。我们进一步观察可以发现，效率寻求型对外直接投资与产业结构泰尔指数的相关关系和其与产业结构高度化的关系相比，前者的关系更为显著。

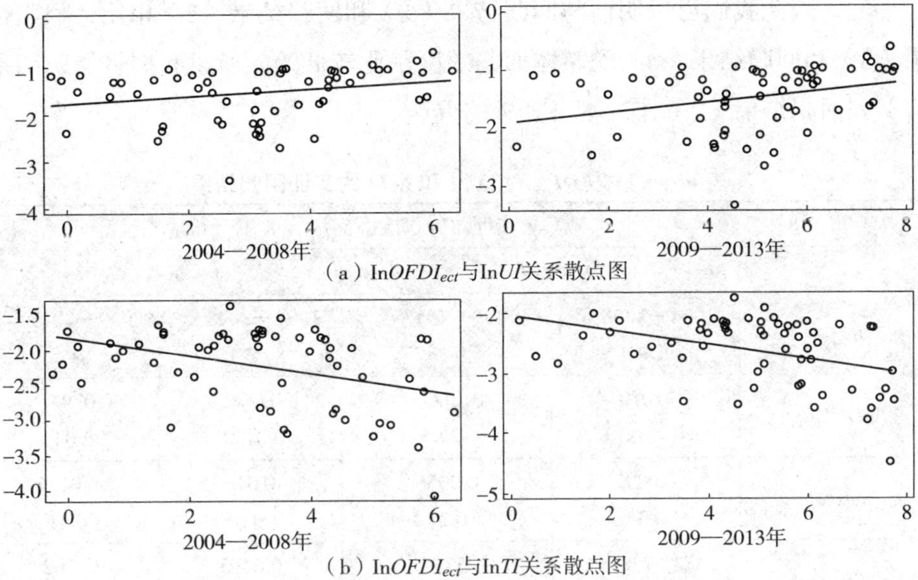

图 6-3 ln$OFDI_{ect}$ 与 lnUI 和 lnTI 关系的散点图

资料来源：笔者绘制。

但具体的作用效果需要实证回归进行检验。本书在效率寻求型对外直接投资的实证模型中引入了东道国（地区）货币汇率水平（ln*exrate*）来表示效率寻求型对外直接投资将利润汇回国内的交易成本和虚拟变量*colony*来表示中国与东道国（地区）的文化距离。[①]构建的计量回归模型为

$$\begin{aligned}\ln TI_j &= \beta_1 + \chi_1 \ln OFDI_{ect} + \lambda_1 \ln exrate_j + \lambda_2 colony + e_1 \\ \ln TI_j &= \beta_2 + \chi_2 \ln OFDI_{ect} + \lambda_3 \ln exrate_j + \lambda_4 colony + e_1\end{aligned} \qquad (6\text{-}5)$$

从表6-5中我们可以清楚地看到回归结果。从回归的有效性来看，F统计量在回归结果（1）和回归结果（2）下都通过了显著性水平为1%的统计检验，而且调整后的R^2均大于0.25，我们可以认识到回归结果（1）和回归结果（2）的回归效果较好；然而我们也看到在回归结果（3）和回归结果（4）中，F统计量的数值都十分小，回归结果（3）的F值甚至在10%的显著性水平下仍然不能通过显著性检验，加上这两个结果调整后的R^2是普遍

① 62个东道国的官方语言均与中国的官方语言不同，因此是否具有共同语言（*comlang*）的变量被剔除出模型。

较小的，因此我们可以明白与回归结果（1）和回归结果（2）相比，回归结果（3）和回归结果（4）的整体回归效度是比较低的。所以我们将回归结果（1）和回归结果（2）作为本书分析的重点。

表 6–5　$\ln OFDI_{ect}$ 对 $\ln UI$ 和 $\ln TI$ 的实证回归结果

效率寻求型对外直接投资				
解释变量	$\ln TI$		$\ln UI$	
	2004—2008 年（1）	2009—2013 年（2）	2004—2008 年（3）	2009—2013 年（4）
$\ln OFDI_{ect}$	-0.1010^{***}（−2.66）	-0.1023^{***}（−2.95）	0.0682（1.6）	0.0793^{**}（2.04）
ln*exrate*	0.0092（0.35）	0.0056（0.21）	−0.0160（−0.53）	−0.0122（−0.41）
colony	-1.5728^{***}（−3.12）	-1.5775^{***}（−3.18）	0.6495（1.15）	0.6262（1.13）
常数项	-1.8676^{***}（−12.51）	-2.0734^{***}（−11.24）	-1.8369^{***}（−10.96）	-1.9159^{***}（−9.26）
样本量	62	62	62	62
F	7.42^{***}	8.09^{***}	1.89	2.45^{*}
调整后的 R^2	0.2772	0.2585	0.0418	0.0666

注：***、** 和 * 表示在 1%、5% 和 10% 的显著性水平下显著，括号内的值是回归系数的 t 值。
资料来源：经笔者计算整理而得。

我们在关注变量时能够发现，在列（1）和列（2）中 $\ln OFDI_{ect}$ 的结果是显著为负的，这说明国内产业结构的扭曲程度被效率寻求型对外直接投资显著降低了，这样的结果就是让更多的要素如劳动力、资本和土地从边际产业转移到国内其他产业，让国内的产业结构和劳动力的分布结构发展得更加协调，使国内产业结构合理化水平得到提升。

2004—2008 年时段内的回归中可以突出效率寻求型对外直接投资对国内产业结构高度化的影响并不明显这一结论，虽然效率寻求型对外直接投资通过对国内生产成本敏感的低端产业进行跨国转移从而为发展国内其他产业腾出了更多劳动力、资本、土地等要素是导致这一结论的可能原因之一，但是由于像劳动力这样的生产要素长期存在于某一行业或进行特定职业工作时会形成行业或职业专用性人力资本，如果轻易转换行业的话，他们积累的技能会因此迅速贬值。所以，尽管这些劳动力会进行流动，他们也会首先选择在本产业或职业内就业，以期继续获得相应的专用性投资收益①②。

因此，当效率寻求型对外直接投资发生之后，劳动力在不同行业间的流动会低于在本行业内的流动，腾出的要素更容易流向那些对生产成本具有更高容忍度的其他劳动密集型产业，而不是大规模流向技术、资本密集型产业。此外，劳动力在行业间发生转移时，人力资本含量和劳动力的流动性之间为正相关关系③。由于在进行效率寻求型对外直接投资的企业或产业内，劳动力的人力资本相对较低，这就增加了劳动力向其他高端产业转移的难度。所以，尽管效率寻求型对外直接投资有助于促进产业结构的合理化，但是对产业结构高度化的促进作用并不明显。

研究发现，控制变量ln*exrate*在所有的回归方程中并不显著，这在一定程度上可以说明虽然汇率在影响中国效率寻求型对外直接投资的东道国（地区）选择方面具有明显的作用，但只要东道国（地区）已经被选定，汇率因素便已在预期之中。如果在研究区间内没有汇率出现超出预期的大幅变动，就可以确定汇率并不是影响效率寻求型对外直接投资发挥其母国产业结构升级效应的重要因素。*colony*的回归系数通过了所有方程中的1%显著性检验，这个结果表明在效率寻求型对外直接投资回归中文化距离因素是非常重要的。

三、市场寻求型对外直接投资与国内产业结构升级

市场寻求型对外直接投资的目的是进入新市场并巩固现有市场。新市场的进入与市场规模的扩大可以提升企业和所属产业的国际化程度，让国内生产与国内外需求得到良好匹配，最终提升产业结构的合理化和高度化水平，见图6–4。

---

① Hamermesh D S.The cost of worker displacement[J]. Quarterly Journal of Economics, 1987, 102（1）: 51–75.

② 赖德胜，孟大虎.专用性人力资本、劳动力转移与区域经济发展[J].中国人口科学，2006（1）：60–68.

③ 杨志勇，潘启龙.人力资本与劳动力产业间流动[J].生产力研究，2012（5）：176–178.

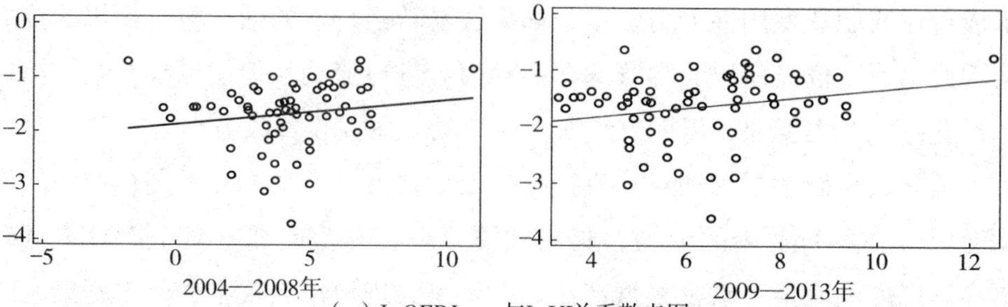

（a）ln$OFDI_{market}$与lnUI关系散点图

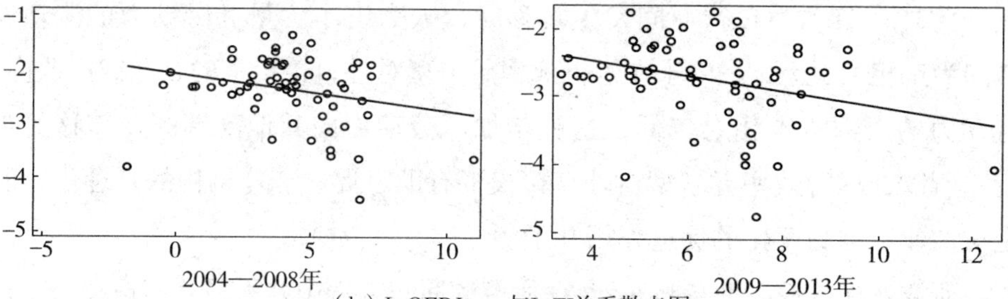

（b）ln$OFDI_{market}$与lnTI关系散点图

图 6-4　ln$OFDI_{market}$ 与 lnUI 和 lnTI 关系的散点图

资料来源：笔者绘制。

资源寻求型和效率寻求型对外直接投资大多数是以发展中国家为主要投资东道国（地区），但是市场寻求型对外直接投资的情况并不相同。除了在发展中国家投资以外，市场寻求型对外直接投资还以发达国家为主要投资国，只不过投资情况各有不同。

市场寻求型对外直接投资在发达国家更加喜欢提供差异化产品，但是在发展中国家并非如此，它更喜欢为发展中国家提供标准化产品。尽管如此，它们仍有一点相同：市场寻求型对外直接投资的目的是打开国外的销售渠道并把国外营销网络构建好，但这不仅没有弱化国内的生产，还促进了国内对东道国（地区）在产品、技术和设备等领域的出口增长①②③。

① 张纪凤，黄萍．替代出口还是促进出口——我国对外直接投资对出口的影响研究[J]．国际贸易问题，2013（3）：95-104.

② 陈立敏，杨振，侯再平．出口带动还是出口代替？——中国企业对外直接投资的边际产业战略检验[J]．财贸经济，2010（2）：80-87.

③ 项本武．中国对外直接投资的贸易效应研究——基于面板数据的协整分析[J]．财贸经济，2009（4）：77-82.

所以我们可以看出，市场寻求型对外直接投资对国内产业结构升级的作用更加复杂。为了更好地感知到市场寻求型对外直接投资（$\ln OFDI_{market}$）通过带动出口对国内产业结构升级产生了怎样的作用，本书在实证模型的基础上引入了交叉项（$\ln marketexp_j$）“市场寻求型对外直接投资与中国对东道国（地区）的出口比重”，用这个交叉项去捕捉市场寻求型对外直接投资是怎样通过出口对国内产业结构升级产生作用效果的。同时，又加入一个虚拟变量“共同语言指标”（*comlang*）用以反映两国的文化距离因素的影响[①]。具体实证模型构建为

$$\begin{aligned}\ln UI_j = \nu_1 + \rho_1 \ln OFDI_{market} + \tau_1 \ln marketexp_j + \tau_2 comlang + e_1 \\ \ln TI_j = \nu_2 + \rho_2 \ln OFDI_{market} + \tau_3 \ln marketexp_j + \tau_4 comlang + e_2\end{aligned} \quad (6\text{-}6)$$

式（6–6）的回归结果可以从表6–6了解清楚：回归结果（1）至回归结果（4）的F统计量均在1%的显著性水平下通过了统计检验；我们可以看到在5%的显著性水平下，所有变量的回归系数均拒绝了回归系数为零的原假设，此结果充分说明了模型有比较好的整体回归效果。

具体来说，$\ln OFDI_{market}$在2004—2008年和2009—2013年这两个研究时段内不仅显著地降低了国内产业结构的扭曲程度，还提升了国内产业结构高度化水平，这样的结果与本书的预期结果是一致的。但是它们也存在不一致，那就是在所有的回归中市场寻求型对外直接投资与中国对东道国（地区）出口比重的交叉项（$\ln marketexp$）的回归系数的符号和$\ln OFDI_{market}$回归系数相反，这就意味着在$\ln OFDI_{market}$和其他因素不发生变化的情况下，只要市场寻求型对外直接投资对出口的带动效应越强，那么它对国内产业结构的扭曲作用就会越大，这样对国内产业结构高度化的提升是没有好处的。

出现这种情况的原因是市场寻求型对外直接投资让产品的市场规模变大了，让国内相关产品的出口变得方便了很多，而且在一定程度上增强了这个产业发展的“惰性”，降低了本产业“出口中学”的积极性[②]，这样有可能让

① *colony*指标在市场寻求型对外直接投资东道国（地区）中均为零，故将其剔除出方程。

② 李逢春. 出口贸易、技术溢出与企业自主创新[J]. 南京社会科学，2013（11）：21–26.

国内产业结构向高级化推进的节奏受到影响；除此之外，产业规模由于出口规模的扩大而变大了，这会使更多生产要素因受到吸引而进入这一行业，市场寻求型对外直接投资企业几乎都能归纳到国内产能过剩的行业当中，这就导致了生产要素向这些行业集聚的情况变得不利于国内产业结构合理化的发展。

表 6–6 $\ln OFDI_{market}$ 对 $\ln UI$ 及 $\ln TI$ 的实证回归结果

市场寻求型对外直接投资				
解释变量	$\ln TI$		$\ln UI$	
	2004—2008 年（1）	2009—2013 年（2）	2004—2008 年（3）	2009—2013 年（4）
$\ln OFDI_{market}$	-0.1256^{**}（−2.53）	-0.1530^{***}（−2.7）	0.1231^{**}（2.33）	0.1480^{**}（2.46）
$\ln marketexp$	0.0738^{**}（2.19）	0.0867^{**}（2.28）	-0.0852^{**}（−2.39）	-0.0979^{**}（−2.42）
comlang	-1.0560^{***}（−4.18）	-1.0181^{***}（−3.93）	0.8071^{***}（3.01）	0.7807^{***}（2.83）
常数项	-1.6185^{***}（−6.00）	-1.7452^{***}（−5.04）	-2.4233^{***}（−8.46）	-2.5410^{***}（−6.9）
样本量	68	68	68	68
F	8.54^{***}	8.96^{***}	5.19^{***}	5.42^{***}
调整后的 R^2	0.2525	0.2629	0.158	0.1651

注：***、** 和 * 表示在 1%、5% 和 10% 的显著性水平下显著，括号内的值是回归系数的 t 值。
资料来源：经笔者计算整理而得。

通过观察 $\ln OFDI_{market}$ 和 $\ln marketexp$ 回归系数的绝对值，我们可以清楚地知道，$\ln OFDI_{market}$ 带来的显著正向效应远远大于它通过带动出口所带来的不利影响，通过对市场寻求型对外直接投资与国内产业结构升级的关系进行实证考察，能够清楚地了解到市场寻求型对外直接投资从整体上带动了国内产业结构合理化的发展，也使国内产业结构的高度化水平得到了提升。控制变量 *comlang* 与前文研究的结果相一致，对国内产业结构合理化和高度化都具有显著的正向影响。

四、战略性资产寻求型对外直接投资与国内产业结构升级

Amit（1933）把战略资产当成一种稀缺并且很难被模仿的专业资源和能力，这种资源主要包括了品牌、技术、市场知识、销售渠道等，其中技术在战略资产里面对自主创新能力具有非常大的重要性，技术寻求型对外直接投资也和它一样，是战略性资产寻求对外直接投资中的重要组成部分。

陈强等[①]对技术寻求型对外直接投资做出的定义告诉我们，技术寻求型对外直接投资的目的是提升企业技术竞争力，它把获取东道国（地区）技术信息、管理经验、智力资本等科技资源作为自己的目标，是把新建、并购或联合海外研发机构当成手段的一种跨境资本输出行为。多个研究实验已经证实了中国对外直接投资的技术寻求型动机的存在性[②③]。所以，现有理论和实证研究一直把利用技术寻求型对外直接投资的逆向技术溢出效应促进后起国家的产业结构升级当作关注的重点。

我们可以通过图6-5粗略地看出技术寻求型对外直接投资与产业结构高度化及泰尔指数关系的变化情况。从总体上看，$\ln OFDI_{hitech}$与$\ln UI$表现出了相当微弱的正相关关系；我们可以看出$\ln OFDI_{hitech}$与$\ln TI$之间的负相关关系是比较显著的，但是与资源寻求型、市场寻求型以及效率寻求型对外直接投资和$\ln TI$的相关关系作比较仍然是比较微弱的。

在此次实证研究过程中，本书不但要检验技术寻求型对外直接投资（$\ln OFDI_{hitech}$）对产业结构升级的直接作用究竟是什么，还将通过构建技术寻求型对外直接投资与东道国（地区）研发支出比重这样一种交叉项（$\ln hitechrd$）来反映出技术寻求型对外直接投资通过东道国（地区）的反向技术溢出对中国国内产业结构升级到底有什么样的影响。除此之外，本书将一个虚拟变量引入实证模型中，那就是*comlang*。所以，实证模型构建为

---

① 陈强，刘海峰，李建昌，余文璨.中国技术寻求型对外直接投资现状、问题和政策建议[J].中国软科学，2013（11）：18-25.

② 祁春凌，黄晓玲，樊瑛.技术寻求、对华技术出口限制与我国的对外直接投资动机[J].国际贸易问题，2013（4）：115-122.

③ 陈小文.技术寻求型对外直接投资和中国企业的跨国经营[J].南京财经大学学报，2007（1）：18-22.

$$\begin{aligned}\ln UI_j &= \kappa_1 + o_1 \ln OFDI_{hitech} + \theta_1 \ln hitechrd_j + \theta_2 comlang + e_1 \\ \ln TI_j &= \kappa_2 + o_2 \ln OFDI_{hitech} + \theta_3 \ln hitechrd_j + \theta_4 comlang + e_2\end{aligned} \tag{6-7}$$

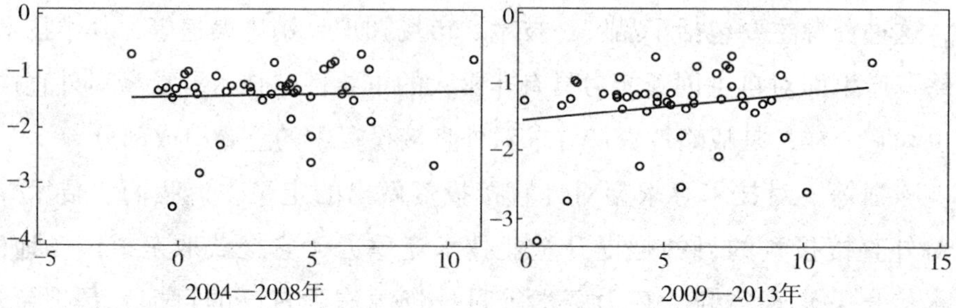

（a）ln$OFDI_{\text{hitech}}$与lnUI关系散点图

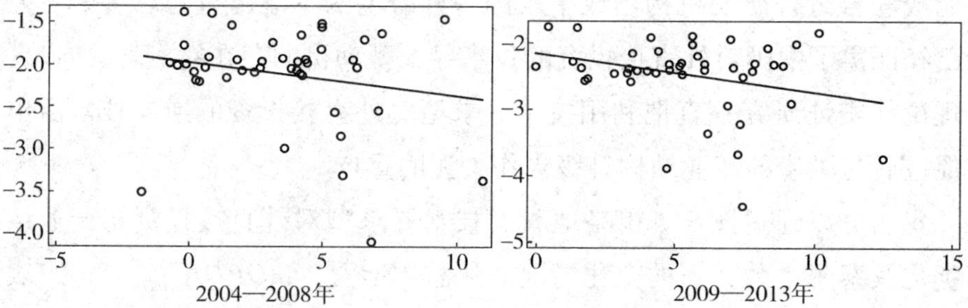

（b）ln$OFDI_{\text{hitech}}$与lnTI关系散点图

图 6-5　ln$OFDI_{hitech}$ 与 lnUI 和 lnTI 关系的散点图

资料来源：笔者绘制。

我们可以从表6-7的实证回归结果清楚地看到，回归结果（1）至回归结果（4）的F值在1%的显著性水平下都通过了统计检验，调整后的R^2值均在0.2以上，大多数解释变量的回归系数也都通过了t检验，这样的结果告诉我们，上面所说的四个回归方程都有较好的拟合效果。

表 6-7　ln$OFDI_{hitech}$ 对 lnUI 及 lnTI 的实证回归结果

战略性资产寻求型对外直接投资				
解释变量	lnTI		lnUI	
	2004—2008 年（1）	2009—2013 年（2）	2004—2008 年（3）	2009—2013 年（4）
ln$OFDI_{hitech}$	0.0767 （0.86）	0.0569 （0.64）	−0.2499*** （−2.77）	−0.2372** （−2.67）

续表

战略性资产寻求型对外直接投资				
解释变量	ln*TI*		ln*UI*	
	2004—2008 年（1）	2009—2013 年（2）	2004—2008 年（3）	2009—2013 年（4）
ln*hitechrd*	−0.0937 （−1.13）	−0.0812 （−1.01）	0.2405*** （2.88）	0.2442*** （3.06）
comlang	−0.9142*** （−3.37）	−0.8748*** （−3.12）	0.6236** （2.28）	0.5763** （2.06）
常数项	−1.9728*** （−16.58）	−2.2662*** （−13.35）	−1.4734*** （−12.26）	−1.4911*** （−8.81）
样本量	45	45	45	45
F	5.03***	5.12***	4.67***	5.24***
调整后的 R^2	0.2157	0.2193	0.2001	0.2243

注：***、** 表示在 1%、5% 的显著性水平下显著，括号内的值是回归系数的 t 值。

资料来源：经笔者计算整理而得。

从表6–7中可以看出，列（1）和列（2）中的重要解释变量 $\ln OFDI_{hitech}$ 的回归系数都是没有通过10%的显著性统计检验的，这样的结果可以说明技术寻求型对外直接投资以及它所带来的反向技术溢出效应并不会对母国产业结构合理化水平的提升产生显著影响。但这些直接和间接效应在表6–7列（3）中通过了1%的显著性检验，在列（4）中通过了5%的显著性检验。

具体地说，列（3）和列（4）的回归结果表明，中国技术寻求型对外直接投资的发展在2004—2008年和2009—2013年两个研究时段内不仅没有让中国国内产业结构合理化水平得到提升，还让国内的产业结构高度化水平降低了，这样的结果和之前大多数研究结果是不一样的（茹玉骢，2004）。

有两个方面造成了这一结果：一方面是目前中国技术寻求型对外直接投资是初级阶段，不能足够地认识和评估技术寻求的难度和风险，所以盲目的技术寻求型对外直接投资往往是失败的，甚至导致了大量资金的损失；另一方面是技术寻求型对外直接投资的国内公司机制、技术能力以及人才培养等和它的发展需求不相配套，这样就导致对先进技术的学习、吸收以及反向溢出效应发挥的真实效果不是很好（陈强等，2013），这样不仅浪费了大量的企业和国家资源，还让国内企业和产业结构向更高级的方向发展受到了阻碍。

需要特别注意的是，技术寻求型对外直接投资与东道国（地区）研发支出比重的交叉项（ln*hitechrd*）对国内产业结构高度化有显著为正的影响。这样的结论告诉我们，当其他条件不变时，技术寻求型对外直接投资存量与东道国（地区）的研发和技术水平的同向变动将明显地让中国国内的产业结构高度化水平得到提升。

中国技术寻求型对外直接投资更多流向拥有更丰富技术和研发资源的国家，这会让中国技术寻求型对外直接投资对国内产业结构高度化的作用效果得到大大的提升。所以依然可以把技术寻求型对外直接投资当作提升国内技术水平、加快国内产业结构高度化的重要途径之一。

我们通过比较列（3）和列（4）后还发现：技术寻求型对外直接投资对国内产业结构高度化的负向作用有减弱的趋势（$\ln OFDI_{hitech}$回归系数绝对值由0.2499下降至0.2372），随着时间的推移，ln*hitechrd*的正向作用会有一定的增强（回归系数由0.2405上升至0.2442），甚至中国技术寻求型对外直接投资在2009—2013年对国内产业结构高度化的直接作用与间接作用之和由负转正。这样的结果让我们了解到中国技术寻求型对外直接投资正不断走向成熟，更加注重投资成本、收益与风险的关系，这也证实了中国技术寻求型对外直接投资对中国经济发展和产业结构升级的积极影响。

第四节　本章小结

首先，本章对对外直接投资动机的识别方法进行了解释说明和分析，主要是对自然资源寻求型、效率寻求型、市场寻求型和战略性资产寻求型这四种类型进行了分析说明，然后借助Probit模型，充分利用中国有关对外直接投资的官方统计数据，在综合主观判断和客观检验的基础上将中国在167个东道国（地区）的对外直接投资进行投资动机分类，最终确定中国在67个东道国（地区）的投资为资源寻求型、62个东道国（地区）的投资为效率寻求型、68个东道国（地区）的投资为市场寻求型和45个东道国（地区）的投资为战略性资产寻求型。

其次，本章从产业层面分别检验了资源寻求型、市场寻求型、效率寻求型和战略性资产寻求型这四种对外直接投资是如何影响国内产业结构合理化和高度化的，在收集和整理企业微观对外直接投资数据的基础上，进一步检验了微观企业不同投资动机对外直接投资对企业产出的影响，以完善本书的微观支撑。研究发现，自然资源寻求型对外直接投资和市场寻求型对外直接投资不仅能让产业结构的扭曲程度降低，还能够提升国内的产业结构高度，从两个方面去促进国内产业结构的升级，并且这一作用效果是会随着时间的推移逐渐增强的。

效率寻求型对外直接投资可以让国内产业结构的扭曲程度显著降低，它让劳动力、资本和土地等要素从边际产业转移到了国内其他产业，促使国内产业结构与劳动力分布结构向着更协调的方向发展，这样能让国内产业结构合理化水平得到提升，但是并不怎么影响国内产业结构的高度化。

市场寻求型对外直接投资不仅让国内产业结构的扭曲程度显著降低，还提升了国内产业结构高度化水平，但需要注意的是，其带动出口的效应和其对国内产业结构的扭曲度是同向变化的，但是其带动出口效应越强越不利于国内产业结构高度化的提升。中国技术寻求型对外直接投资的发展不仅没能让中国国内产业结构合理化水平得到提升，反而使国内的产业结构高度化水平降低了。技术寻求型对外直接投资与东道国（地区）研发支出比重的交叉项对国内产业结构高度化有显著为正的影响，在它条件保持不变时，技术寻求型对外直接投资存量与东道国（地区）的研发和技术水平的同向变动将使中国国内的产业结构高度化水平显著提升。由这个结论可知，中国技术寻求型对外直接投资更多流向拥有更丰富技术和研发资源的国家，这会使中国技术寻求型对外直接投资对国内产业结构高度化的作用效果得到大大提升。

第七章　产业结构水平对中国对外直接投资的作用

现有文献已经从资源、市场、技术和东道国（地区）经济发展状况、文化特征以及制度环境等方面对我国对外直接投资的影响因素进行了较多研究，但中国对外直接投资的内在驱动力，尤其是本国的产业结构状况对国内对外直接投资的研究并不多。随着改革开放的不断深入，我国经济成果与收效颇丰，与此同时，国内的经济增长方式也发生了很大转变。而一国产业结构所处的阶段与所包含的特征，往往将对本国对外直接投资的规模大小、增长快慢、后续投资以及投资的结构布局产生一些影响（江东，2010）。但国内产业结构变迁与升级将在多大程度上作用于中国对外直接投资，其内在的影响机制又是什么？这些问题值得我们进行系统而深入的探讨。

第一节　作用路径与内在机制

一、产业结构高度化、合理化与国内对外直接投资的发展

考虑到产业结构变迁内涵的两大主要维度，分别为产业结构高度化与产业结构合理化，故本书将先从这两个维度去进一步细化为产业结构变迁对国内对外直接投资的影响。其中，产业结构合理化主要强调的是通过资源的优化配置达到产业的协调发展，它反映了产业结构与就业结构的耦合程度，衡量了各产业之间的协调力度，目的是使各产业的发展与自身的要素禀赋更好结合，提高产业的专业化生产效率，增强产业发展的后劲与可持续性。这

对于不断拓宽中国对外直接投资的行业范围、提升对外直接投资的规模水平意义明显。产业结构高度化，在一定程度上反映了高附加值、产业高技术含量的产品占比水平。一般而言，它反映了从劳动密集型产业逐步向资本、技术密集型产业过渡的过程，以及从低附加值产业逐步向高附加值产业演化的路径，同时还从低加工度产业向高加工度产业变迁的经历。产业结构高度化的目的是促进一个地区产业链的延伸，并扩张该地区的产业前后关联辐射效应，以达到提升其在全球价值链中深度及广度的目的。从作用机制上来看，中国产业结构的高度化将不断提升中国对外直接投资企业的国际竞争力，在提升中国对外直接投资规模扩张的同时，还将大大推动中国对外直接投资的结构调整。

从产业结构变迁影响母国对外直接投资的渠道上分析，产业结构变迁会使对外直接投资的行业构成发生变化，具体体现在影响母国对外直接投资的产业流向并推动对外直接投资的规模扩张。我国产业发展与对外直接投资发展实际经历了三个阶段。起步阶段（1979—2002年），国内的产业基础比较薄弱，亟待获取更多资源、机器设备等推进并支撑中国的快速工业化进程，因此，在这一时期中国的对外直接投资主要集中于资源开发和初级加工制造业行业。发展阶段（2003—2008年），伴随着中国工业化进程进入中后期，中国的工业基础显著加强、制造业技术和生产效率快速进步，产业结构不断优化调整，这不仅促使中国对外直接投资逐步转向以采矿业和制造业为主的第二产业，而且在对外直接投资规模上也取得明显进步。扩张阶段（2009年至今），中国工业化进程进一步深化、技术水平进一步提升、中国的产业结构更是在转型升级过程中呈现出更显著的经济服务化、产业高级化趋势。这一阶段的中国对外直接投资开始逐步拓展至以租赁和商务服务业为主的第三产业，并开始更多地进入科学研究、技术服务与计算机服务和软件业等知识与技术密集型更高、技术更为复杂的领域。另外，伴随着中国产业结构的调整升级，各产业间劳动生产率和竞争力不断发生变化，这也使得在新产业更具竞争力的同时，不少传统产业不断丧失竞争力，甚至需要通过对外直接投资进行国际生产转移来降低成本进而获得市场。这也是扩大中国对外直接投资规模的重要因素。通过以上分析可知，产业结构演进中的产业结构合理化和高级化都将在一定程度上带来中国对外直接投资的产业拓展与规模提升效应。其影响机制如图7–1所示。

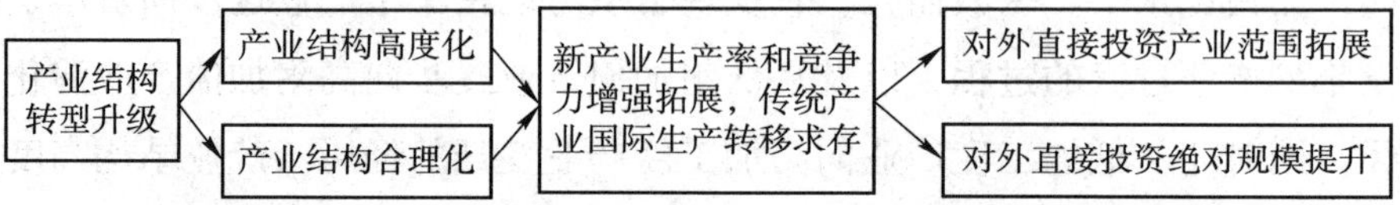

图7–1　产业结构水平对母国对外直接投资发展的作用机制

资料来源：笔者绘制。

二、产业结构变迁与本国对外直接投资的行业结构发展

21世纪初，我国提出了“走出去”战略以及“一带一路”倡议。随着“走出去”战略与“一带一路”倡议的进一步实施与推进，我国的对外直接投资进入了极速扩张期。回顾其变迁与发展可知，从我国对外直接投资的改革开放起步期，到20世纪90年代的发展期，再到当前的扩张期，我国的对外直接投资可谓是从无到有，并且逐渐跻身于对外直接投资发展中国家首位。自2003年开始，我国对外公布了中国对外直接投资的官方统计数据，此后便有了我国对外直接投资的持续性增长。从具体的数据可以看出，一方面，我国的对外直接投资存量由2003年的332.222亿美元狂增至2017年的18090.365亿美元，14年间增长了近53.5倍，年均复合增长率高达33.046%；另一方面，我国的对外直接投资流量自2003年的285.465亿美元上升到2017年的1582.883亿美元，其间增长了近4.5倍，年均复合增长率也达到了13.015%。

面对当前我国经济发展进入“新常态”阶段，国内的产业结构面临着转型与升级的机遇和挑战。此时，国内的稀缺资源将会被分配到高附加值以及高技术含量的行业中，以达到完成该行业自身要素积累的目的。与此同时，我国OFDI的行业流向开始发生相应的变化，不同行业流向综合推动着对外直接投资的全面扩张。就我国对外直接投资的产业布局而言，由于中国对外直接投资的行业统计数据从2003年开始发布，因此，本书将重点通过数据展现中国2004—2017年的产业结构状况与中国对外直接投资行业的关系[①]（见表7-1）。由表7-1可知，在中国对外直接投资的发展期和扩张期，中国对外直接投资所涉行业范围一直在拓展，尤其是第三产业，其拓展至金融业、教育业等产业。从三大产业的视角来看：第三产业对外直接投资所占比重最高，其次是第二产业，最后是第一产业。具体地，在第三产业中，生产性服务业的年均占比为70.599%，超过总占比的2/3，其中租赁和商务服务业的年均占比为31.568%，几乎占据了半壁江山；而生活性服务业的年均占比仅为3.998%，其中房地产业占比最大[②]。第二产业的年均占比达到了24.467%，且以采矿业为主。第一产业的年均占比仅为1.008%，占比微小。值得注意的是，随着我国技术水平的不断提高，我国的对外直接投资在科学研究和技术服务业等方面，虽然在总量占比中的比例仍然较小，但近年来我国对于技术复杂领域的对外投入逐年增多，增速也明显得到了加快。

将上述四类产业按照年份分别加总，并通过折线图来反映其变化趋势（见图7-2）。由图7-2可知，在四类产业对外直接投资方面，第一产业与第二产业以及生活性服务业这三类，在研究期初时占比较高，期间则不断上下波动。其中，第一产业与第二产业的占比呈波动性下降趋势。而生活性服务业的变化则有所不同，其呈现出螺旋形上升的趋势。这三类相同的是，占比均在2008年时降至最低点。对于生产性服务业而言，其占比在2004年较低，在2008年则较高，之后受金融危机的影响，呈现出了缓慢下降再平稳发展的趋势。

---

① 此处的数据整理时间段为2003—2017年，但因数据量太大，在文中难以全部展示，再加上2003年与2004年的数据变化不是很大，因此本书中的数据展示与分析区间为2004—2017年。

② 学界对于房地产业应归属于生产性服务业还是生活性服务业一直存在差异。在发达国家，房地产业的服务对象主要是机构，从而使之具有生产性服务业的特征；在我国，房地产业开发的项目主要针对住宅类而非商用类，其消费群体仍以个体消费者为主，故本书将房地产业归入生产性服务业范畴。并且，在我国官方（国家统计局）2015年明确界定的十类生产性服务业分类标准中，并不包括房地产业。

表 7-1　2004—2017 年中国对外直接投资行业分布情况

单位：%

产业	2004	2005	2006	2007	2008	2009	2010	2011	2012	2013	2014	2015	2016	2017	均值
第一产业															
农、林、牧、渔业	1.863	0.894	0.901	1.023	0.798	0.825	0.823	0.804	0.933	1.087	1.098	1.045	1.097	0.916	1.008
第二产业															
采矿业	13.291	15.124	19.752	12.733	12.430	16.512	14.079	15.772	14.059	16.075	14.018	12.969	11.225	8.716	14.054
制造业	10.135	10.087	8.308	8.094	5.252	5.531	5.612	6.348	6.418	6.356	5.931	7.153	7.965	7.756	7.210
电力、热力、燃气及水的生产和供应业	0.491	0.502	0.492	0.505	1.004	0.918	1.075	1.681	1.690	1.695	1.704	1.427	1.681	1.381	1.160
建筑业	1.826	2.105	1.733	1.386	1.457	1.389	1.946	1.895	2.417	2.944	2.559	2.471	2.388	2.084	2.043
合计	25.742	27.818	30.284	22.719	20.143	24.349	22.712	25.696	24.584	27.070	24.212	24.019	23.259	19.937	24.467
生产性服务业															
批发和零售业	17.516	19.959	14.294	17.160	16.230	14.525	13.242	11.557	12.823	13.270	11.665	11.107	12.463	12.516	14.166
交通运输、仓储和邮政业	10.230	12.382	8.351	10.227	7.893	6.767	7.310	5.947	5.494	4.879	3.929	3.635	3.052	3.027	6.652
信息传输、软件和信息技术服务业	2.663	2.314	1.600	1.612	0.906	0.800	2.650	2.249	0.906	1.118	1.396	1.906	4.774	12.100	2.642
金融业			17.219	14.180	19.946	18.715	17.418	15.865	18.132	17.727	15.592	14.543	13.065	11.210	16.134
租赁和商务服务业	36.689	28.937	21.476	25.880	29.669	29.684	30.657	33.497	33.030	29.635	36.532	37.306	34.920	34.039	31.568

续表

产业	2004	2005	2006	2007	2008	2009	2010	2011	2012	2013	2014	2015	2016	2017	均值
科学研究和技术服务业	0.277	1.056	1.237	1.290	1.077	1.170	1.251	1.033	1.277	1.313	1.232	1.314	1.453	1.199	1.156
水利、环境和公共设施管理业	2.035	1.591	1.013	0.781	0.578	0.433	0.357	0.565	0.013	0.052	0.151	0.232	0.263	0.132	0.585
合计	69.409	66.239	65.190	71.130	76.299	72.094	72.885	70.715	71.676	67.994	70.497	70.043	69.990	74.223	70.599
生活性服务业															
房地产业	0.452	2.614	2.227	3.828	2.228	2.174	2.291	2.115	1.801	2.335	2.793	3.051	3.397	2.971	2.602
住宿和餐饮业	0.046	0.081	0.068	0.102	0.074	0.099	0.142	0.142	0.143	0.143	0.148	0.203	0.309	0.194	0.142
居民服务、修理和其他服务业	2.441	2.313	1.296	1.102	0.388	0.391	1.018	0.380	0.673	1.164	1.025	1.300	1.245	1.051	1.027
教育业			0.003	0.015	0.010	0.009	0.008	0.016	0.031	0.030	0.021	0.026	0.053	0.182	0.034
卫生和社会工作	0.00049	0.00019	0.003	0.003	0.002	0.002	0.011	0.004	0.009	0.010	0.026	0.016	0.068	0.077	0.018
文化、体育和娱乐业	0.013	0.009	0.029	0.078	0.058	0.055	0.109	0.127	0.149	0.167	0.181	0.296	0.583	0.449	0.176
公共管理、社会保障和社会组织	0.032	0.032										0.00015			0.016
合计	2.986	5.049	3.625	5.128	2.760	2.731	3.579	2.785	2.807	3.849	4.193	4.893	5.655	4.924	3.998

资料来源：根据历年《中国对外直接投资统计公报》整理而得。

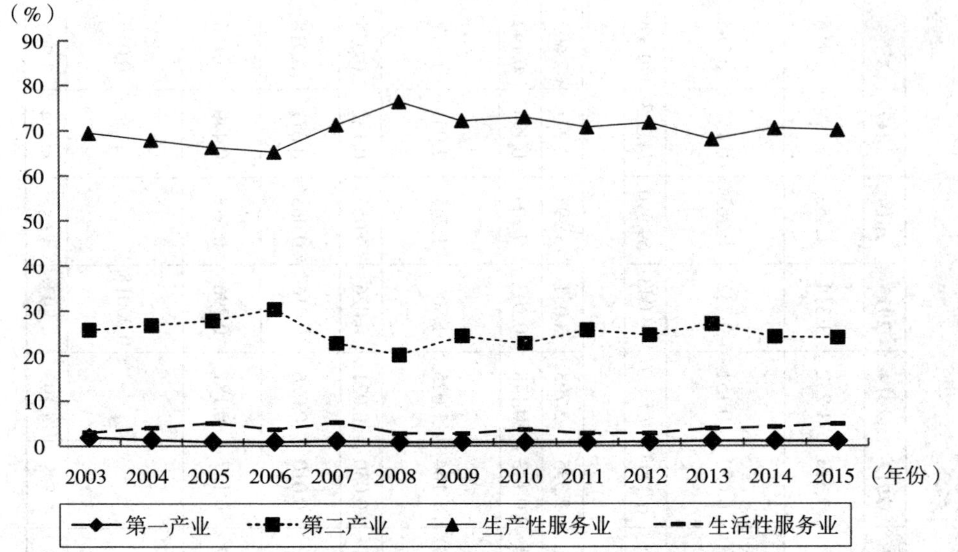

图 7–2　我国对外直接投资的行业占比趋势

资料来源：笔者绘制。

与此同时，本书进一步计算了同期中国产业结构合理化与产业结构高度化指标，以描述中国产业结构在这一时期内的变动趋势。其中，产业结构合理化采用泰尔指数（*TI*）进行衡量，而产业结构高度化则根据本书的需要在前文第三章产业结构高度化（*UI*）衡量指标的基础上进行了部分改动，如式（7–1）所示。

$$UI=\delta(Y_3/Y_2)+(1-\delta)(Y_p/Y_c) \tag{7–1}$$

其中，Y_3为第三产业的产值，Y_2为第二产业的产值，Y_p为生产性服务业的产值，Y_c为生活性服务业的产值。δ为权重变量，在本书中我们将采用变异系数法对其赋值。*UI*指数用于衡量一国产业结构的高度化水平，*UI*值越大，则表示一国产业高度化水平越高，即该值大小与产业结构的高度化水平呈正比例关系。通过收集整理历年《中国统计年鉴》数据，根据式（7–1）我们可以计算出我国2003—2015年的产业结构合理化与产业结构高度化指数。相应的计算结果如图7–3所示。

根据图7–3中的指标走势可知，在本书的研究期间，我国产业结构合理化与高度化的指标波动很明显。

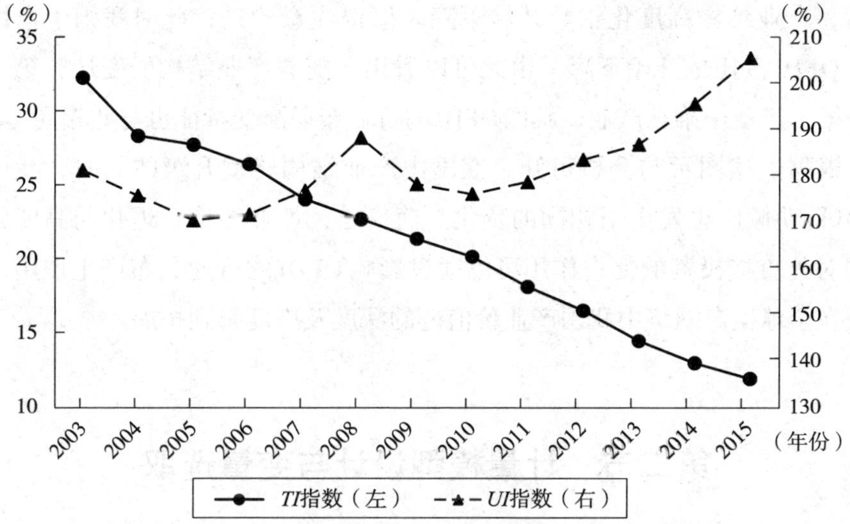

图 7-3　2003—2015 年中国产业结构的 *TI* 指数和 *UI* 指数

资料来源：笔者根据历年《中国统计年鉴》数据计算绘制。

第一，*TI*指数表现出持续下降的变化趋势。由产业结构合理化指标可知，我国的产业结构合理化水平在不断提高，行业的资源配置和要素积累得到了优化与推进，国民经济中的各产业已形成了协同发展的趋势。就该指标的具体数值而言，2003年的*TI*指数为32.229%，2015年则为11.855%，下降幅度明显，年均复合增长率降低为7.996%。

第二，*UI*指数呈上升趋势。由产业结构高度化指标可知，我国的产业结构具有服务化增强的特点，由此提高并拓宽了我国产品的附加值，以达到带动我国全面升级产业结构的目的。就该指标的具体数值而言，*UI*指数在2003年时为181. 124%，2005年时为170.226%，2008年时为188.120%，呈现出较明显的“U”形；2010年时为175.956%，2015年时为205.404%，表现出又一轮的循环往复。在整个研究区间，产业结构高度化指标的上升幅度为13.405%，年均复合增长率为1.054%。

对比图7-2与图7-3可知，我国对外直接投资的行业偏好性与国内产业结构高度化指标息息相关，具有类似的变化形态。例如，在国际金融危机爆发前，国内产业结构表现出明显的服务化倾向，*UI*指数呈上升趋势。与之相似，中国对外直接投资的行业构成中，生产性服务业的占比增加明显。2008

年后，产业结构高度化指数开始下降。值得注意的是，此时我国生产性服务业OFDI占比也开始下降。由此可以看出，随着产业结构的变迁，第一产业→第二产业→第三产业，我国OFDI的行业布局演变特征也与此相同。

根据上述图示与分析可知，在国内产业结构转型升级的同时，我国的OFDI行业倾向也发生了相同的变化。简言之，产业结构合理化与高度化对我国对外直接投资的促进作用可以通过影响OFDI的行业分布产生作用，从而使在全球生产网络中我国产业价值链的深度及广度得到拓展。

第二节　计量模型设计与变量选取

到底该如何衡量中国产业结构合理化与高度化对中国对外直接投资扩张的影响？中国产业结构变迁又将如何影响中国对外直接投资的产业布局？为了回答这些问题，除了对于客观事实的分析推断之外，还需要使用严谨的计量方法做更为详尽的实证研究。

一、计量模型设定

对于产业结构转型升级作用于我国对外直接投资的影响方向及其效果，本章将通过计量模型回归分析做进一步的考察。项本武认为，我国的对外直接投资具有延续和动态的特征性①，故在计量模型中引入动态面板模型以反映我国对外直接投资的动态连续特征，即在回归模型中加入被解释变量的一阶滞后项。因此，结合产业结构转型升级的两类变量，在现有文献的研究基础上，本章将设定如下的动态面板模型。

$$ofdi_{it}=\alpha_0+\alpha_1 ofdi_{it-1}+\alpha_2 ind_{it}+\alpha_3 gdp_{it}+\alpha_4 pgdp_{it}+\alpha_5 growth_{it}+\alpha_6 energy_{it}+\alpha_7 patent_{it}+\alpha_8 risk_{it}+\alpha_9 infra_{it}+\alpha_{10} admini_{it}+\mu_i+\lambda_t+\varepsilon_{it} \tag{7-2}$$

① 项本武. 东道国特征与中国对外直接投资的实证研究[J]. 数量经济技术经济研究，2009（7）：33–46.

其中，i表示国家或地区，t表示研究年份。对外直接投资变量（*ofdi*）为中国对i国（地区）在t时期的对外直接投资存量额，作为本书的被解释变量。*ind*为本书重点关注的产业转型升级变量，具体包括产业结构合理化指数（*ti*）、产业结构高度化指数（*ui*）以及对外直接投资中四类产业占比（*agri*、*manu*、*proser*、*conser*）。参考前人的回归分析，本模型选择如下的控制变量：用国内生产总值（*gdp*）来衡量东道国（地区）的市场经济规模，用人均国民收入（*pincome*）来衡量市场消费水平，用人均国民收入增长率（*growth*）来衡量市场发展潜力，以上三个控制变量主要用于针对市场寻求型的对外直接投资类型；能源使用量（*energy*）衡量了东道国（地区）的自然资源容量，该控制变量主要用于针对资源寻求型的对外直接投资类型；专利数（*patent*）衡量了高科技水平，该控制变量主要用于针对技术寻求型的对外直接投资类型；变量*risk*用于衡量东道国（地区）的社会风险程度，变量*infra*用于衡量东道国（地区）的基础设施建设水平，变量*admini*用于衡量东道国（地区）的行政效率高低，这三个控制变量可用于针对影响我国对外投资的其中重要因素，如效率寻求型对外直接投资。μ_i为个体非观测效应，λ_t为时间非观测效应，前者用以反映东道国（地区）特定因素对我国OFDI的影响，后者用以反映随着时间推移而变化的因素所产生的影响。ε_{it}是随机误差项，包含了其他的遗漏变量。

根据前文分析，此处将产业转型升级变量*ind*分为两类：第一类是内在驱动力，包括了产业结构合理化（*TI*）和产业结构高度化（*UI*）；第二类为外在驱动力，包括了四类产业占比，即第一产业占比（*agri*）、第二产业占比（*manu*）、生产性服务业占比（*proser*）和生活性服务业占比（*conser*）。根据上述描述，本章的计量模型具体如下。

$$ofdi_{it}=\alpha_0+\alpha_1 ofdi_{it-1}+\alpha_{21}ti_{it}+\alpha_{22}ui_{it}+\alpha_3 gdp_{it}+\alpha_4 pgdp_{it}+\alpha_5 growth_{it}+\alpha_6 energy_{it}+\alpha_7 patent_{it}+\alpha_8 risk_{it}+\alpha_9 infra_{it}+\alpha_{10} admini_{it}+\mu_i+\lambda_t+\varepsilon_{it} \tag{7-3}$$

$$ofdi_{it}=\alpha_0+\alpha_1 ofdi_{it-1}+\alpha_{23}agri_{it}+\alpha_{24}manu_{it}+\alpha_3 proser_{it}+\alpha_{26}conser_{it}+\alpha_3 gdp_{it}+\alpha_4 pgdp_{it}+\alpha_5 growth_{it}+\alpha_6 energy_{it}+\alpha_7 patent_{it}+\alpha_8 risk_{it}+\alpha_9 infra_{it}+\alpha_{10} admini_{it}+\mu_i+\lambda_t+\varepsilon_{it} \tag{7-4}$$

二、数据说明及内生性问题

根据历年《中国统计年鉴》以及《中国对外直接投资统计公报》、世界银行数据库（WDI）以及联合国贸易和发展会议数据库（UNCTAD）的历年数据，可收集并整理出本章回归分析所需的所有变量数据。其中，被解释变量OFDI的数据来源于2003—2015年中国对182个国家或地区[①]的跨国OFDI面板数据，这些数据均来自历年《中国对外直接投资统计公报》；测算产业结构优化的*UI*指数及*TI*指数时，所需的行业产值及其就业人数的数据来自历年《中国统计年鉴》；对外直接投资产业占比变量计算时涉及的各产业投资额，来自历年《中国对外直接投资统计公报》；对于剩下的控制变量数据，这些数据均来自WDI及UNCTAD。需要说明的是，本章回归分析中涉及的名义变量，例如对外直接投资存量以及各国GDP等数据，在实际回归代入时均采用了消费者价格指数进行平减。同时，对于年份缺失的数据，本章也采用平均变化率以及均值进行平滑处理。

本章回归分析中所有变量的描述统计如表7–2所示。

表7–2　变量的描述统计与说明

变量	观测值	均值	最小值	最大值	备注
对外直接投资存量（*ofdi*）	2366	54493.63	1	4080195	中国对东道国（地区）的直接投资存量额
产业合理化指数（*ti*）	2366	21.265	11.855	32.229	该指数值越大，表明产业合理化程度越低
产业高级化指数（*ui*）	2366	182.071	170.226	205.404	该指数值越大，表明产业高度化程度越高
第一产业占比（*agri*）	2366	1.074	0.798	1.863	第一产业 OFDI 存量占比
第二产业占比（*manu*）	2366	25.007	20.143	30.284	第二产业 OFDI 存量占比

① 2015年《中国对外直接投资统计公报》统计了192个投资东道国（地区），除去开曼群岛、中国香港、中国澳门及中国台湾等“避税天堂”的极值影响，以及无法与世界银行或UNCTAD匹配的国家或地区，最终收集到182个样本国家（地区）。

续表

变量	观测值	均值	最小值	最大值	备注
生产性服务业占比（*proser*）	2366	70.275	65.190	76.299	批发和零售业等生产性服务业 OFDI 存量占比
生活性服务业占比（*conser*）	2366	3.644	2.731	5.128	房地产业等生活性服务业 OFDI 存量占比
国内生产总值（*gdp*）	2353	30546068.8	9023.186	1803664800	以购买者价格计算
人均国民收入（*pincome*）	2353	12999.71	106.017	185082.6	国民收入除以年终总人口数
人均国民收入增长率（*growth*）	2353	2.313	–62.214	50.116	人均国民收入年增长率，采用 2010 年不变价美元进行计算
能源使用量（*energy*）	2366	2176.442	9.715	22762.08	初级能源国内产量加上进口量和存量变化，减去出口量和供给从事国际运输的船舶和飞机的燃料用量所得的值
专利数（*patent*）	2366	10708.2	1	589410	居民及非居民申请并拥有的专利数
社会风险（*risk*）	2366	7.7833	0	93.2	用故意谋杀犯罪率衡量其社会风险
基础设施（*infra*）	2366	8825.063	251	228513	可用于提供铁路服务的铁路总长度，并行的铁路线亦计算在内
行政效率（*admini*）	2366	8.238	0.1	46.5	在公共组织和政府工作的人员从事行政管理工作时，其投入的各种资源与取得的成果和效益之比

资料来源：笔者整理。

在计量分析时，内生性问题往往备受关注。由于对外直接投资可以作用于国内产业结构的优化升级，而产业结构升级也可能反过来作用于对外直接投资，故在对外直接投资与产业结构变量之间，会存在因果关系，从而产生内生性问题，造成回归分析估计结果有偏。因此，为解决回归中的内生性问题，此处采用产业结构变量的一阶滞后项作为其自身的工具变量，以最大限度地降低内生性问题。

在具体的估计方法上，本章将采用两步系统GMM估计方法进行回归分析，该方法优于一步系统GMM，且能够得出一致并有效的GMM估计值。在使用时，需要对其滞后项的有效性及残差的无自相关性进行检验，前者可采用Hansen值进行检验，后者可对于差分后残差的AR（1）值和AR（2）值进行检验。

在模型正式回归前，本章还对变量进行了自然对数值转换。在回归估计结果判断时，本章采用了稳健标准差进行显著性检验。

第三节　产业结构变迁对中国对外直接投资的实证分析

一、产业结构合理化与高度化对我国对外直接投资的影响分析

这里使用STATA14.0软件，对本书的回归方程进行回归分析。

首先，对计量模型（7–3）使用两步系统GMM估计，估计结果见表7–3。从表7–3可以看出，回归结果（1）至回归结果（6）中Hansen检验值的p值均大于0.1，这表明其在10%的置信区间内均无法拒绝原假设“H_0：所有工具变量均有效”，故本章所选用的工具变量与残差项不相关；AR（1）检验值的p值为0，意味着在1%的置信区间内应拒绝原假设“H_0：扰动项差分的一阶自相关系数为0”，而AR（2）的p值则应接受原假设“H_0：扰动项差分的二阶自相关系数为0”，由于扰动项的差分只存在一阶序列相关，满足了扰动项无自相关的条件，回归结果具有一致性。因此，该回归结果是有效且可靠的。

表 7–3　产业结构升级对中国对外直接投资影响的回归结果

变量	（1）	（2）	（3）	（4）	（5）	（6）
$ofdi_{t-1}$	0.881^{***} （0.0017）	0.858^{***} （0.0036）	0.918^{***} （0.0011）	0.863^{***} （0.0029）	0.872^{***} （0.0020）	0.848^{***} （0.0033）
ti	-0.312^{***} （0.0060）	-0.174^{***} （0.0126）			-0.302^{***} （0.0057）	-0.134^{***} （0.014）

续表

变量	(1)	(2)	(3)	(4)	(5)	(6)
ui			0.126*** (0.0123)	0.196*** (0.0120)	0.027** (0.0118)	0.161*** (0.0130)
gdp		0.071*** (0.0030)		0.100*** (0.0028)		0.074*** (0.0036)
pincome		0.0015* (0.0008)		0.0036*** (0.0013)		0.002*** (0.0007)
growth		0.0006 (0.00037)		–0.0006* (0.0003)		0.00052 (0.00034)
energy		0.022*** (0.0014)		0.017*** (0.0007)		0.019*** (0.0014)
patent		0.009*** (0.0021)		0.006*** (0.0017)		0.011*** (0.0019)
risk		–0.010*** (0.0012)		–0.012*** (0.0010)		–0.011*** (0.0012)
infra		0.031*** (0.0021)		0.040*** (0.0018)		0.031*** (0.0027)
admini		0.016*** (0.0016)		0.023*** (0.0008)		0.015*** (0.0019)
cons	2.250*** (0.0280)	0.541*** (0.0906)	0.427*** (0.0580)	–1.437*** (0.0542)	2.165*** (0.0596)	–0.285*** (0.1113)
Wald 值	292825.9	1.41e6	619904.1	1.63e6	425884.79	1.23e6
AR（1）	–6.5089 [0.0000]	–6.5103 [0.0000]	–6.6172 [0.0000]	–6.5871 [0.0000]	–6.5142 [0.0000]	–6.5803 [0.0000]
AR（2）	–0.4166 [0.6770]	–0.7730 [0.4395]	–0.5529 [0.5803]	–0.7688 [0.4420]	–0.4124 [0.6801]	–0.7610 [0.4467]
Hansen 值	157.2812	157.5601	152.5846	151.2317	155.9921	154.0753
	[0.3895]	[0.3836]	[0.4943]	[0.5252]	[0.6998]	[0.7370]
观测值	2184	2184	2184	2184	2184	2184

注：***、** 和 * 分别表示 1%、5% 和 10% 的显著性水平；圆括号内为回归系数的稳健标准误；方括号内为检验值所对应的 *p* 值。e^n 代表了 10 的 *n* 次方。模型中均加入了年度和国家虚拟变量。

资料来源：经笔者计算整理而得。

根据表 7–3 的估计结果，我们不难发现，对于变量 *ti*，其估计结果均显著为负，由此表明了产业结构合理化可促进我国的对外直接投资。对于*ui*变量，其估计结果均为正，由此表明国内产业高度化也可以促进我国的对外直接投资。当将*ti*与*ui*变量同时放入方程进行回归时，*ti*系数仍显著为负，而*ui*系数显著为正。综上可知，国内产业结构合理化与产业结构高度化均可以促进我国对外直接投资规模的扩张。具体地，在估计结果（6）中，当其他影响因素不变时，*ti*指数每降低1个百分点，则我国OFDI存量额将增加约0.134个百分点；而*ui*指数每增加1个百分点，我国OFDI存量额将提升0.161个百分点。

对于其他变量，下面将一一进行分析。第一，对于被解释变量一阶滞后项的回归系数而言，其系数值在1%的显著性水平上均为正，由此可知中国OFDI确实存在着动态连续性。也就是说，在东道国（地区）前期的投资，将会驱动其后期投资的追加。在李磊和郑昭阳①与龚静②的文献中也得到了该回归结果。第二，对于市场寻求型OFDI影响因素，变量国内生产总值与人均国内生产总值的回归系数均显著为正。由此可知，东道国（地区）的市场经济规模及市场消费水平高低可显著促进我国的对外直接投资。然而，变量国内生产总值增长速度的回归系数表现出较弱的正向显著性，或仅在10%的水平上表现出负相关。由此我们可以推断出，一国（地区）的市场发展潜力在目前所处的阶段对我国OFDI的影响效果并不明显。第三，对于资源寻求型以及技术寻求型OFDI影响因素而言，能源以及专利数变量的回归系数均表现出显著为正的回归特征，并且能源变量的回归系数值更大。由此我们可以判断出如矿产、石油、气等稀缺资源，对于我国对外直接投资的吸引力较强，而我国的投资者也非常关注东道国（地区）的研发、创新以及高新技术含量。第四，由余下的三个控制变量回归系数的符号及显著性可知，我国OFDI的社会风险规避属性较为明显，同时具有对东道国（地区）的基础设施及行政效率表现出偏好。

---

① 李磊，郑昭阳. 议中国对外直接投资是否为资源寻求型[J]. 国际贸易问题，2012（2）：146-157.

② 龚静. 母国制度因素对中国省际对外直接投资的影响研究——基于31个省市动态面板模型的实证分析[J]. 产经评论，2014（4）：150-160.

二、对外直接投资行业结构分布对我国对外直接投资的影响分析

上一小节中讨论了国内产业结构变迁对OFDI的影响，接下来将进一步针对对外直接投资行业结构分布对我国OFDI的影响进行分析。在具体的方法选取上，这里也采用两步系统GMM进行估计，表7–4列明了其回归结果。根据表7–4中回归结果可知，由回归（1）至回归（5）的Hansen检验值、AR（1）及AR（2）的p值可以断定，原模型所选用的工具变量均有效，且不存在序列相关性。因而，可以判断出我们所采用的系统GMM的估计结果一致且有效。

表 7–4 对外直接投资行业结构分布对我国对外直接投资规模的回归结果

变量	（1）	（2）	（3）	（4）	（5）
$ofdi_{t-1}$	0.894^{***} （0.0026）	0.878^{***} （0.0025）	0.896^{***} （0.0028）	0.870^{***} （0.0032）	0.892^{***} （0.0016）
agri	-0.265^{***} （0.0094）				-0.273^{***} （0.0044）
manu		-0.067^{**} （0.0264）			0.364^{***} （0.0077）
proser			0.270^{***} （0.0101）		0.138^{***} （0.0045）
conser				0.071^{***} （0.0121）	0.199^{***} （0.0082）
gdp	–0.0008 （0.0041）	0.095^{***} （0.0047）	0.009^{**} （0.0046）	0.115^{***} （0.0031）	-0.005^{**} （0.0022）
pincome	-0.005^{***} （0.0005）	0.004^{***} （0.0007）	-0.003^{***} （0.0006）	0.002^{***} （0.0006）	-0.004^{***} （0.0001）
growth	0.0007^{***} （0.0003）	0.000028 （0.0002）	0.0013^{***} （0.0003）	-0.00082^{***} （0.0003）	0.00058^{***} （0.0001）
energy	0.025^{***} （0.0011）	0.021^{***} （0.0012）	0.023^{***} （0.0010）	0.022^{***} （0.0016）	0.020^{***} （0.0006）
patent	0.006^{***} （0.0018）	0.012^{***} （0.0019）	0.009^{***} （0.0021）	0.008^{***} （0.0018）	0.006^{***} （0.0007）
risk	-0.013^{***} （0.0014）	-0.010^{***} （0.0009）	-0.013^{***} （0.0014）	-0.011^{***} （0.0010）	-0.013^{***} （0.0003）

续表

变量	（1）	（2）	（3）	（4）	（5）
infra	0.034*** （0.0022）	0.030*** （0.0022）	0.034*** （0.0022）	0.032*** （0.0024）	0.040*** （0.0010）
admini	0.019*** （0.0017）	0.015*** （0.0017）	0.019*** （0.0017）	0.018*** （0.0018）	0.025*** （0.0007）
cons	0.844*** （0.0526）	−0.230** （0.1481）	−0.488*** （0.0417）	−0.855*** （0.0538）	−1.333*** （0.0466）
Wald 值	696984.35	$1.04e^6$	653720.16	334039.77	$1.72e^7$
AR（1）	−6.5262 [0.0000]	−6.4875 [0.0000]	−6.5909 [0.0000]	−6.4586 [0.0000]	−6.4941 [0.0000]
AR（2）	−0.7380 [0.4605]	−0.8556 [0.3922]	−0.8289 [0.4072]	−0.8444 [0.3985]	−0.6581 [0.5105]
Hansen 值	160.7143 [0.3185]	154.0782 [0.4603]	159.5488 [0.3420]	148.7066 [0.5830]	162.0842 [1.0000]
观测值	2184	2184	2184	2184	2184

注：***、** 和 * 分别表示 1%、5% 和 10% 的显著性水平；圆括号内为回归系数的稳健标准误；方括号内为检验值所对应的 p 值。e^n 代表了 10 的 n 次方。模型中均加入了年度和国家虚拟变量。

资料来源：经笔者计算整理而得。

由表7-4可知，估计结果（1）和估计结果（5）均显示第一产业OFDI的占比对我国OFDI的扩张存在显著的负影响；而估计结果（3）、估计结果（4）和估计结果（5）表明，无论是生产性服务业OFDI占比还是生活性服务业OFDI占比，对我国对外直接投资的规模扩张均具有促进作用；对于第二产业OFDI的占比，其回归系数的符号及显著性并不稳定，由此说明了在产业变迁过程中，第二产业OFDI的占比对对外直接投资规模的影响尚不明确。上述研究结果表明，在国内产业结构调整优化的进程中，中国OFDI的行业结构也在逐步升级优化，而其内部结构的调整也将在一定程度上推动我国对外直接投资规模的进一步扩张，即意味着我国对外直接投资在从第一产业向第二产业再向第三产业转型升级的过程中不断推动着对外直接投资的发展与壮大。

基于上述研究结果，本书可以得出三个政策启示：第一，在制定促进我国的对外直接投资政策时，除便利化国外投资服务外，还应充分考虑我国的内在驱动因素，即国内的产业结构变迁问题，以突出其内在能动性。在产业结构的合理化及高度化的影响因素上，我们可以变“要素驱动”为“创新驱动”，实现“顺梯度”的对外投资操作，如向周边国家转移我国当前成本已不断提高的劳动密集型产业。通过确立与对外直接投资相配合的重点产业、有实力的企业、有潜力的品牌，从而发展知识技术密集度高、物质资源消耗少、成长潜力空间大、综合效益高的产业投资。第二，政府应有意识地进行产业差别化布局，在分地区逐步降低第一产业投资力度的同时，进一步提高该地区第二产业与第三产业的行业占比与资源配比。第三，在众多的对外直接投资动机上，我国政府需充分利用国际和国内“两个市场”及“两种资源”，有机结合“引进来”和“走出去”的产业战略布局。一方面，可以通过国际市场来弥补国内资源短缺的问题；另一方面，可以通过逆向技术溢出，来提高我国的科技研发水平与生产效率。最终达到实现我国进一步“走出去”发展战略的目标。

第四节　本章小结

本章通过梳理产业结构高度化、合理化与国内对外直接投资的发展以及产业结构变迁与本国对外直接投资的行业结构发展，从作用路径与内在机制上分析了产业结构水平对中国对外直接投资的影响。基于我国对182个东道国（地区）的OFDI面板数据，本章首先分析了我国产业结构合理化与产业结构高度化的发展趋势，以及投资的行业结构分布；其次采用两步系统GMM估计方法回归分析了产业结构变迁对我国OFDI的影响大小与作用效果。根据指标测算与实证分析的结果，我们发现两种结果。首先，在研究期间我国的产业结构合理化及高度化均得到了一定程度的提高，产业发展与要素禀赋相结合，关联产业之间所形成的辐射效应增大。另外，我国OFDI呈现出与产业升级相关的持续扩张趋势。在具体的OFDI行业分布中，生产性服务业OFDI的占比最高，并表现出了逐年上升的特征；第二产业OFDI占比排名第二；排名第三的是生活性服务业OFDI占比；而排名最后的则是第一产业OFDI占比。其次，本章在投资的内部驱动视角下，分析发现国内产业结构变迁及其所引致的OFDI行业分布，两者都会对我国OFDI产生影响。进一步地，我国的产业结构合理化与产业结构高度化程度均对我国OFDI具有促进作用；对于对外直接投资行业整体分布而言，第一产业OFDI占比对我国OFDI的影响为负，而第二、第三产业对外直接投资占比的增加均会对我国对外直接投资产生明显的促进作用。

第八章　促进中国对外直接投资与国内产业结构升级良性互动的政策建议

当前，各国均面对着经济全球化的国际大背景，而中国也面临着全面提升开放型经济发展水平的国内大环境。在该背景下，我国的对外直接投资无疑成了联结国际经济和国内经济的重要纽带之一。通过系统的理论梳理、全面的数据分析和逐层深入的实证研究，中国对外直接投资与国内产业结构升级的互动作用及其效果得以清晰的揭示。第一，中国对外直接投资对于国内产业结构水平的提升具有明显的促进作用，并且该促进效应在不断地增强。第二，中国对外直接投资的母国产业结构升级效应存在明显的地域差异，且其效果和动机与产业结构升级的层次有关。第三，国内的产业结构水平也将通过影响产业的生产率和竞争力变化最终作用于OFDI的规模与产业分布上。根据上述分析，不难发现中国的OFDI与国内产业结构升级效应及作用机制的系统性、复杂性与艰巨性。因此，在中国经济步入中高速增长的新常态发展阶段和构建全面提升开放型经济水平的背景下，分析中国OFDI与国内产业结构升级的互动提升作用，既需要国家相应制度机制的完善，宏观调控的优化和政府服务质量的提升，也需要发挥市场决定性作用以及包括企业在内的市场微观行为主体的通力配合。

第一节　确立对外直接投资与产业结构升级的差异化管理机制

进入21世纪以来，面对以和平、发展、合作、共赢为主题的新时代以及复苏乏力的全球经济形势、纷繁复杂的国际和地区局面，“走出去”战略显示出了极高的战略布局。一方面，中国地大物博，其OFDI与产业结构升级表现出了明显的空间不平衡特征，这有别于其他传统发达国家和大多数发展中国家发展历程，也在一定程度上决定了中国OFDI的管理机制和产业政策需差别对待、分类指导。另一方面，中国OFDI存在着多种投资动机，以及多层次的产业结构升级，这就使不同OFDI动机对产业结构升级的作用路径与效果存在差异。也就是说，即便是针对同一个投资动机的OFDI而言，其对不同层次产业结构升级的影响也不一样。反之亦然。

因此，中国投资政策和产业政策的制定与实施不宜“一刀切”，需要进行差别对待与分类指导。

一、确立地区之间对外直接投资与产业结构升级的差异化管理机制

根据第三章和第四章的研究结果可知，中国对外直接投资与产业结构发展水平具有明显的区域间差异性。具体而言，我国东部地区的OFDI与产业结构升级的关联度，明显大于我国的中、西部地区。同时，对于尚处于工业化中后期的省份来说，其OFDI与当地的产业结构升级指数关联度是显著大于其他较低经济发展水平和工业化程度省份的。这就意味着，在中国的不同地区间，其所面临的发展OFDI与促进产业结构升级的模式与目标存在明显差异。具体而言，一方面，在经济发展水平低、产业结构层次低的地区（例如，像我国的内陆地区以及少数民族地区），没有OFDI发展的强烈内生需求，它们有的面临的是经济发展资金约束，有的面临的则是发展第二产业的迫切希望。因此，对于这些地区而言，吸引外资、参与国内外分工，促进制造业的发展是它们现阶段的主要任务。另一方面，在经济发展水平高、产业结构层次高的地区（诸如，我国东部的长三角地区和珠三角地区等经济发达

地区），大部分已经具有了发达经济体的部分特征，具有强烈的OFDI需求，且存在着融入国际经济的内在动力与外在压力。在该发展阶段，提升OFDI数量、优化其OFDI产业结构成为这些地区经济发展的应有之义。因此，对外直接投资规模不应成为所有地方各层级政府的追求目标。只有与各个地区的经济发展能够实际有效地协调OFDI数量与结构，才能够在真正意义上形成与当地产业结构水平的良性互动提升状态。因此，我们不难发现，在国家统筹确定对外直接投资与产业规划的大前提下，形成符合地区实际并具有针对性和差异性特征的地区投资与产业管理机制至关重要。

第五章的实证研究显示，省级产业结构与对外直接投资的发展存在空间上的溢出效应，且这种溢出效应在相邻的省份更为突出。我们可以发现，我国省际间的OFDI与产业政策的制定并非割裂开来的。故在政策分析时，需要在注重省际投资与产业政策直接效应的同时，综合考虑其接受以及向外溢出的间接影响，通过与相邻省份加强合作，构建符合当地经济发展特征的协同反应机制，更好地通过对外直接投资促进当地经济增长和产业结构水平的提升。

二、确立不同投资动机间对外直接投资的差异化管理机制

根据第六章的研究结果可知，不同投资动机对外直接投资在同一时期内共存，这是当前处于市场化、工业化和国际化相互交织阶段的中国的突出特征。不同投资动机对外直接投资与产业结构升级的互动路径和作用效果有所不同，因此有效发挥对外直接投资的产业结构升级效应以及产业结构升级带动对外直接投资的发展均离不开基于投资动机的对外直接投资差异化管理机制的确立。构建这种差异化管理机制需要遵循几个主要原则：一是充分发挥关键能源资源行业以自然资源为寻求动机的对外直接投资和相对优势行业以市场寻求为目的的对外直接投资的发展，以发挥它们对产业结构合理化和产业结构高度化的积极推进作用；二是扩大国内处于“边际”的劣势产业的效率寻求型对外直接投资，以发挥它们对产业结构合理化的促进作用；三是重点提升国内新兴产业和资本、技术密集型产业的战略性资产寻求型对外直接投资，通过在国际市场上更有效地获取所需技术、渠道与管理经验，为国内

产业结构高度化带来更大动力；四是根据本地产业结构水平、升级速度与升级目标，不断有意识地推进并调整不同投资动机对外直接投资的内在结构与发展速度。通过实施更具体的产业和投资相结合的分类指导方式，更好地发挥中国对外直接投资与国内产业结构升级的良性互动。

不同投资动机的背后反映的是中国对外直接投资东道国（地区）的特征与发展阶段的差异。针对中国对外直接投资动机所制定的不同投资战略也在一定程度上反映了中国与不同东道国（地区）投资关系的重点和合作领域的差异，即在处理中国与东道国（地区）投资关系过程中也应遵循差异化政策。强化与发达国家在现有市场与资源领域合作的同时，寻求更多高新技术、服务等领域的合作；拓展与发展中国家基于资源、市场和适宜技术领域合作的广度和深度，在互利共赢的基础上继续挖掘中国与发展中国家合作的潜力。

三、确立不同层面产业结构升级的差异化管理机制

产业结构升级的内涵具有不同层次，这是正确认识与实现产业结构升级的起点。根据第六章的研究结论可知，对外直接投资对不同层面产业结构升级的影响存在差异，如在产业层面，对外直接投资与产业间结构升级的关联性较强，并随时间的推移表现出日益增强的趋势；将产业结构升级进一步细化为产业结构合理化和产业结构高度化后，除资源寻求型和市场寻求型对外直接投资对两者均有正向推动作用外，资源寻求型对外直接投资仅显著提升了产业结构的合理化，而战略性资产寻求型对外直接投资则主要促进了产业结构的高度化。由此可见，有效促进中国对外直接投资的产业结构升级效应需要把握不同层次产业结构升级的具体要求和主要任务，并在正视差异的基础上对症下药。这就意味着，在产业层面，更需平衡产业结构合理化与产业结构高度化的关系，在两者不可兼得时，根据国情选择产业目标的重点。一般而言，产业结构合理化通常是短期产业目标的重点，而产业结构高度化以及产业间的结构升级则是产业发展的根本和长远目标。因而，形成有效的中国对外直接投资与国内产业结构升级的良性互动需要在对产业结构升级进行深入分析的基础上确立不同层面产业结构升级的差异化管理机制。

第二节　优化政府对中国对外直接投资的引导与服务功能

一、明确政府定位并引导对外直接投资规模与结构的整体提升

在本书的第三章，我们先后回顾了中国对外直接投资的发展历程，其发展与政府投资政策的演进密切相关。由中国"走出去"战略的制定可知，其为中国OFDI的高速持续发展提供了支持，并呈现出了明显的政府引导性特征。由本书的第七章分析结果可知，为了实现中国OFDI的进一步发展，我们还需要优化政府的引导，这种引导既包括对中国对外直接投资的投资方向、投资产业甚至投资规模的有针对性引导，也包括减少甚至消除企业"走出去"的制度障碍，完善企业对外直接投资的服务机制。

伴随着中国对外直接投资的发展、整体实力和自主能力的逐步增强，尤其是中国对外直接投资与国内经济特别是国内产业结构升级互动影响的日益复杂，未直接参与市场竞争和经营，但直接参与中国投资政策制定的中国政府并不能掌握比企业更多的信息，从而为企业"走出去"提供更实际有效政策的能力也大大下降。随着政府职能的转变，政府有针对性引导的行为逐渐减少，并可预见这种指导的重要性也将逐步降低，而政府的普遍性引导将成为政府对中国对外直接投资实施引导行为的主旋律①。因此，进一步明确政府定位、着力提升政府对中国对外直接投资规模与结构的整体引导能力也将成为政府在较长一段时间内实现投资有效管理的重点。

二、拓展服务广度以营造有利于对外直接投资发展的国际政治经济环境

政府实施的"普遍"引导，这实际上是强化中国政府服务职能的一个重要表现。在推动国内产业高质量发展时，对于国有性质、中西部地区以及

① Li D K. Chinese OFDI：Globalization，compressed development and the Chinese government [R].Working paper of New Zealand Contemporary China Research Centre，2014.

资本技术密集型的制造企业而言，应充分发挥生产性服务业集聚对其生产效率更大的提升作用。在做大做优做强国有资本上，国企改革是重中之重，通过融入产业集群可更好地享有城市生产性服务业的低成本优势、技术溢出等外部性，提升其生产效率水平以高质量发展博得先机。在解决发展不平衡不充分的区域问题上，中西部地区制造企业利用先进服务业配套支持的发展潜力更强，可依靠集聚经济效应快速提升其生产效率。在资本要素及技术创新上，应构建开放、协同、高效的共性技术研发平台以及人才交流协作平台，健全需求为导向、企业为主体的服务创新机制，为其集聚创造良好的产业内部条件以更好地发挥其供给侧产业集聚效应。另外，统筹推进区域间的协调发展，打破地区间的行政性地方保护壁垒，推动要素的跨区域自由流动，降低生产性服务业集聚的过度竞争。通过打造市场需求引致、政府合理引导的产业空间集聚，形成有序的层级分工合作与互补模式，从而利于形成整合优化的区域生产性服务经济市场，进而为具备行业、技术、产品及组织的世界级制造强国之路做好铺垫。

三、提升服务质量并强化中小企业对外直接投资的地位

在地区、产业以及企业个体上，中国OFDI和产业结构升级的差异性巨大，其所包含的信息异常繁杂，这就使政府服务机制显得尤为薄弱，从而难以满足更多的诉求并提供有效的职能服务。面对该环境，我国政府中存在两个较为突出的问题。一是以政府部门为主体提供的中国对外直接投资数据量小，其中所包含的信息量也较少，这会阻碍东道国（地区）政界与学界对于中国OFDI的深入了解，同时也无法满足国内企业对东道国（地区）诸多问题的了解。由于经济学中的经典问题，即信息经济学中的信息不对称，其所造成消极影响进一步增加了中国对外直接投资企业“走出去”的政治、社会和经济风险。二是目前中国的OFDI是以国有企业为主的。然而，我国的国有企业虽然因为某些特殊条件而占有了较多的资源，但其并未为我国的经济发展提供更优的支撑。相比国有企业与民营企业而言，尤其是与中小企业在OFDI上的利益诉求冲突更多，其企业个体在国内资源的竞争中一直处于不平等的地位，这亟待政府做出相应的改革及调整。这里，需要特别注意的是，现有

研究表明中小企业对外直接投资尤其是在市场寻求型和战略性资产寻求型OFDI对国内产业结构升级的作用比较明显。因此，这就要求中国政府不断提升服务的层次和质量，增强中、小、私有企业对外直接投资的地位。

进一步地，在今后我国建设制造强国之路上，还需持续推动先进制造业与现代服务业的深度融合，通过构筑国内生产性服务业大规模集聚的本地化服务体系，全方位共享集聚经济带来的生产效率提升红利。政府应重视地区间政策的协调统一，加强生产性服务业的空间集聚，并积极引导制造企业对产业集群的融入。通过发挥集群内产业链中生产性服务业集聚所带来的专业化要素投入、劳动力共享、综合成本降低及知识技术外溢等效应，推进上下游相关产业及需求产业的配套完善，从而支撑制造企业生产效率的提升。

第三节 发挥市场决定性作用并强化与政府引导的协调配合

一、发挥市场在中国对外直接投资与产业结构升级效应中的决定性地位

政府的引导固然重要，但中国对外直接投资与产业结构升级作为重要的市场活动，需首先接受市场规则的约束，即市场在中国对外直接投资产业结构升级效应的发挥过程中占据决定性地位。这意味着价格是引导微观主体做出经济决策的重要因素。而这些基于自身利益考量的经济决策将促使企业实施更符合其利益的对外直接投资行为，并通过大量企业的自利行为最终带动产业结构的调整与升级。发挥市场的决定性作用在党的十八届三中全会报告中首次明确，这一重大理论观点在发挥中国对外直接投资与产业结构升级良性互动关系中主要体现在：企业对外直接投资规模、结构、去向以及意愿的相关决策由企业根据自身实力和外部条件的实际对比做出，而不受政府不当的调控干预；对地区产业发展的规划以及产业政策的制定应尽可能宏观，尊重通过市场有序竞争、优胜劣汰对产业结构的自主选择。

也只有在发挥市场决定性作用的条件下，中国对外直接投资对产业结构

升级的作用路径才会更加畅通，作用效果更加明确。因此，市场在中国对外直接投资与产业结构升级过程中的决定性作用必须在未来实践中长期坚持。

二、突出企业在中国对外直接投资与产业结构升级过程中的主体地位

企业是实施中国OFDI与促进国内产业结构升级的根本支撑，它在发挥中国OFDI与产业结构升级效应的联动过程中占据了主体地位。在扩大我国开放促进改革的同时，政府还需加快国内经济体制改革的进程，坚持政企分开及公平竞争的原则，调动国有企业主动、充分地参与竞争，提升企业竞争能力、管理水平及产品质量。在本书基准回归中，国有企业占比明显抑制了制造业出口产品质量的提升。学界普遍认为，我国国有企业的生产经营效率低下，产品质量及盈利能力不足，这就需要进一步推进产权制度改革，让国企在“优胜劣汰”的市场运行规律下真正成为自主经营、自负盈亏、自担风险、自我约束、自我发展的独立市场主体。

三、强化市场调节与宏观调控以及企业主体与政府引导的协调配合

由于市场的决定性作用与政府的调控、企业的主体地位与政府的引导并不是相互排斥的，而是相互配合的。因此，我们需要政府的宏观调控与科学引导，这才是发挥市场决定性作用一级企业主体地位的必要补充。

一方面，在深化供给侧结构性改革以及推进制造业高质量发展过程中，我国政府应遵循市场经济发展规律，通过扩大开放引入竞争淘汰机制，提升企业生产效率及产品质量。从本书的研究中得知，服务市场竞争加剧可促进制造业出口产品质量的提升，通过外资市场的准入加强服务市场的竞争程度，“鲇鱼效应”倒逼并刺激了国内服务市场的良性发展，为制造企业技术更新及产品升级提供产业链衔接和服务支持（孙浦阳等[①]，2018）。在中美贸易摩擦的双方谈判中，美方一直强调其逐年扩大的贸易逆差，在部分共识中中国未来将采购美国商品及服务并进一步扩大市场准入。故今后在“继续推进外资自

① 孙浦阳，侯欣裕，盛斌．服务业开放、管理效率与企业出口[J]．经济研究，2018（7）：136–151.

由化进程，稳定外商投资，扩大外资市场准入，全面引入负面清单管理模式”的基础上，中国政府还应因势利导地发挥市场机制，促进有效竞争。

另一方面，在面对中国地区间非均衡发展的客观特征时，在其发展基础及区域特点基础上，政府应适度引入竞争机制，为优化服务提供配套发展。鉴于本书扩大服务开放对初始服务竞争程度低的地区制造业出口技术复杂度提升力度更大的结论，政府在产业布局战略上可向服务竞争程度较低的地区进行一定程度的倾斜，在外资准入及管理上给予较大的灵活操作空间，在推动制造业出口产品质量提升的同时兼顾并缓和地区间的平衡发展问题。

第四节　本章小结

本章为全篇研究报告的总结与政策启示。首先，根据前七章的分析研究结果，我们得出本书三个结论。第一，中国OFDI能够促进国内产业结构水平，且该促进效应在不断增强。第二，中国对外直接投资的母国产业结构升级效应存在明显的地域差异，且效果与动机与产业结构升级的层次有关。第三，国内的产业结构水平也将通过影响产业的生产率和竞争力变化最终作用于对外直接投资的规模与产业分布上。其次，基于上述研究结论，可有针对性地提出三个方面的政策启示。第一，我们应该确立OFDI与产业结构升级的差异化管理机制，即确立地区之间对外直接投资与产业结构升级的差异化管理机制、不同投资动机之间对外直接投资的差异化管理机制以及不同层面产业结构升级的差异化管理机制。第二，优化政府对中国对外直接投资的引导与服务功能，即明确政府定位并引导对外直接投资规模与结构的整体提升、拓展服务广度以营造有利于对外直接投资发展的国际政治经济环境以及提升服务质量并强化中小企业对外直接投资的地位。第三，发挥市场决定性作用并强化与政府引导的协调配合，即发挥市场在中国对外直接投资与产业结构升级效应中的决定性地位、突出企业在中国对外直接投资与产业结构升级过程中的主体地位。通过本书的撰写，期望能为政府投资政策与产业发展决策的制定提供数据支持与政策参考。

主要参考文献

[1] 蔡昉.刘易斯转折点——中国经济发展新阶段[M].北京：社会科学文献出版社，2008.

[2] 曹曼，叶文虎.产业体系划分的理论探讨[J]，经济学动态，2004（6）：20–23.

[3] 陈立敏，杨振，侯再平.出口带动还是出口代替？——中国企业对外直接投资的边际产业战略检验[J].财贸经济，2010（2）：80–87.

[4] 陈强，刘海峰，李建昌，等.中国技术寻求型对外直接投资现状、问题和政策建议[J].中国软科学，2013（11）：18–25.

[5] 楚天骄，杜德斌.跨国公司研发机构与本土互动机制研究[J].中国软科学，2006（2）：127–132.

[6] 邓聚龙.灰色控制系统[M].武汉：华中工学院出版社，1985.

[7] 丁志国，赵宣凯，苏治.中国经济增长的核心动力——基于资源配置效率的产业升级方向与路径选择[J].中国工业经济，2012（9）：18–30.

[8] 杜立民.我国二氧化碳排放的影响因素：基于省级面板数据的研究[J].南方经济，2010（11）：20–33.

[9] 樊福卓.中国工业的结构变化与升级：1985—2005[J].统计研究，2008（7）：21–27.

[10] 傅元海，叶祥松，王展祥.制造业结构优化的技术进步路径选择——基于动态面板的经验分析[J].中国工业经济，2014（9）：78–90.

[11] 龚静.母国制度因素对中国省际对外直接投资的影响研究——基于31个省市动态面板模型的实证分析[J].产经评论，2014（4）：150–160.

[12] 郭克莎.中国产业结构调整升级趋势与“十四五”时期政策思路[J].中国工业经济，2019（7）：24–41.

[13] 赫希曼.经济发展战略[M].曹征海，潘照东，译.北京：经济科学出版社，1991.

[14] 黄少安.关于制度变迁的三个假说及其验证[J].中国社会科学，2000（4）：37–49.

[15] 霍落斯. 钱纳里：工业化和经济增长的比较研究[M].吴奇，等，译.上海:上海三联书店，1988.

[16] 霍落斯. 钱纳里：结构变化与发展政策[M].朱东海,黄钟，译.北京:经济科学出版社，1991.

[17] 霍忻.我国OFDI产业结构调整效应研究——基于灰色关联理论的实证分析[J].国际经贸探索，2014，30（9）：24–32.

[18] 江小涓.高度联通社会中的资源重组与服务业增长[J]. 经济研究，2017（3）：6–19.

[19] 赖德胜，孟大虎.专用性人力资本、劳动力转移与区域经济发展[J].中国人口科学，2006（1）：60–68.

[20] 李逢春.出口贸易、技术溢出与企业自主创新[J].南京社会科学，2013（11）：21–26.

[21] 李逢春.对外直接投资与投资国产业升级——基于中国的实践分析[M].北京：人民出版社，2014.

[22] 李惠茹.关注外商直接投资生态环境正效应发挥——基于生态现代化建设的研究视角[J]. 国际贸易，2007（8）：46–49.

[23] 李磊，郑昭阳.议中国对外直接投资是否为资源寻求型[J].国际贸易问题，2012（2）：146–157.

[24] 李梅，金照林.国际 R&D、吸收能力与对外直接投资逆向技术溢出——基于我国省级面板数据的实证研究[J].国际贸易问题，2011（10）：124–136.

[25] 李梅，柳士昌.对外直接投资逆向技术溢出的地区差异和门槛效应[J].管理世界，2012（1）：21–34.

[26] 李猛，于津平.中国反倾销跨越动机对外直接投资研究[J].财贸经济，2013（4）：76–88.

[27] 刘海云，李敏.中国对外直接投资的母国碳排放效应研究[J]. 中国工业经济，2016，35（8）：12–18.

[28] 刘华军，闫庆悦.贸易开放、FDI与中国CO2排放[J].数量经济技术经济研究，2011（3）：21–35.

[29] 刘瑞翔，安同良.资源环境约束下中国经济增长绩效变化趋势与因素分析——基于一种新型生产率指数构建与分解方法的研究[J].经济研究，2012（11）：34–47.

[30] 刘思峰，杨英杰，吴利丰，等.灰色系统理论及其应用（第七版）[M].

北京：科学出版社，2014.

[31] 刘伟，张辉.中国经济增长中的产业结构变迁与技术进步[J].经济研究，2008（11）：4–15.

[32] 刘宇.外商直接投资对我国产业结构影响的实证分析——基于面板数据模型的研究[J].南开经济研究，2007（1）：127–136.

[33] 隆国强.全球化背景下的产业升级新战略——基于全球生产价值链的分析[J].国际贸易，2007（7）：29–36.

[34] 卢进勇.入世与中国利用外资和海外投资[M]. 北京：对外经济贸易大学出版社，2001.

[35] 迈克尔. 波特.国家竞争优势[M].李明轩，邱如美，译.北京：中信出版社，2012.

[36] 毛海欧，刘海云.中国对外直接投资促进了产业升级吗？——基于出口劳动结构视角的研究[J].世界经济研究，2018（6）：94–108.

[37] 欧阳峣.民营企业对外直接投资：理论. 战略. 模式[M].北京：商务印书馆，2007.

[38] 潘家华，张丽峰.我国碳生产率区域差异性研究[J].中国工业经济，2011（5）：47–57.

[39] 潘文卿.中国的区域关联与经济增长的空间溢出效应[J].经济研究，2012（1）：54–66.

[40] 潘文卿.中国区域经济差异与收敛[J].中国社会科学，201（1）：72–84.

[41] 祁春凌，黄晓玲，樊瑛. 技术寻求、对华技术出口限制与我国的对外直接投资动机[J]. 国际贸易问题，2013（4）：115–122

[42] 孙国辉.集团公司全球战略[M].北京：清华大学出版社，2005.

[43] 孙建中.资本国际化运营——中国对外直接投资发展研究[M].北京：经济科学出版社，2000.

[44] 孙浦阳，侯欣裕，盛斌.服务业开放、管理效率与企业出口[J].经济研究，2018（7）：136–151.

[45] 田巍，余淼杰.企业生产率和企业“走出去”对外直接投资：基于企业层面数据的实证研究[J].经济学（季刊），2012，11（2）：383–407

[46] 王英，刘思峰.OFDI对我国产业结构的影响：基于灰关联的分析[J].世界经济研究，2008（4）：61–65.

[47] 威廉. 配弟. 政治算数[M]. 马妍，译.北京：中国社会科学出版社，2010.

[48] 吴敬琏.中国增长模式抉择（增订版）[M].上海：上海远东出版社，2008.

[49] 项本武.东道国特征与中国对外直接投资的实证研究[J].数量经济技术经济研究，2009（7）：33-46.

[50] 项本武.中国对外直接投资的贸易效应研究——基于面板数据的协整分析[J].财贸经济，2009（4）：77-82.

[51] 小岛清.对外贸易论[M].天津：南开大学出版社，1987.

[52] 许和连，邓玉萍.外商直接投资导致了中国的环境污染吗？——基于中国省际面板数据的空间计量研究[J].管理世界，2012（2）：36-49.

[53] 许文彬.中国经济转轨的长期考察：一个新视角[J].经济学动态，2011（9）：27-31.

[54] 杨开忠，陶然，刘明兴.解除管制、分权与中国经济转轨[J].中国社会科学，2003（3）：4-17.

[55] 姚枝仲，李众敏.中国对外直接投资的发展趋势与政策展望[J].国际经济评论，2011（2）：127-140.

[56] 尹忠明，李东坤.中国对外直接投资对国内产业结构升级的作用机理——基于不同投资动机的探讨[J].北方民族大学学报，2015（1）：37-41.

[57] 尹忠明，李东坤.中国对外直接投资与国内全要素生产率提升——基于全面提升开放型经济发展水平的视角[J].财经科学，2014（7）：21-31.

[58] 余壮雄，付利.中国企业对外投资的区位选择：制度障碍与先行贸易[J].国际贸易问题，2017（11）：115-126.

[59] 俞毅.GDP增长与能源消耗的非线性门限——对中国传统产业省际转移的实证分析[J].中国工业经济，2010（12）：57-65.

[60] 张纪凤，黄萍.替代出口还是促进出口——我国对外直接投资对出口的影响研究[J].国际贸易问题，2013（3）：95-104.

[61] 赵晓丽，胡军峰，史雪飞.外商直接投资行业分布对中国能源消费影响的实证分析[J].财贸经济，2007（3）：117-120.

[62] 赵云鹏，叶娇.对外直接投资对中国产业结构影响研究[J].数量经济技术经济研究，2018，35（3）：78-95.

[63] 朱劲松，刘传江.重新重工业化对我国就业的影响——基于技术中性理论与实证数据的分析[J].数量经济技术经济研究，2006，23（12）：82-92.

[64] 朱玉杰，倪骁然.金融规模如何影响产业升级：促进还是抑制——基于空间面板Dubin模型（SDM）的研究：直接效应与空间溢出[J].中国软科学，2014（4）：180-192.

[65] Acharkyya J. FDI, growth and the environment: Evidence from India on CO2 emission during the last two decade [J]. Journal of Economic Development, 2009(6): 43-58.

[66] Bao Q, Peng S. Economic growth and environmental pollution in China: A simultaneous estimation [J]. Journal of World Economy, 2006(11):48–59.

[67] Bartlett C A, Ghoshal S. Managing across borders: The transnational solution [M]. Harvard Business School Press, 1989.

[68] Blundell R,Bond S.Initial conditions and moment restrictions in dynamic panel data models[J].Journal of Econometrics, 1998,87(1):115–143.

[69] Dunning J H. The eclectic paradigm of international production: A restatement and some possible extension [J]. Journal of Business Studies,1988, 19(1):1–31.

[70] Hamermesh D S.The cost of worker displacement [J]. Quarterly Journal of Economics, 1987, 102(1):51–75.

[71] Kolstad I, Wiig A. What determines Chinese outward FDI?[J]. Journal of World Business, 2010,47(1):26–34.

[72] Koopman R, Wang Z, Wei S J. Tracing value–added and double counting in gross export[J]. American Economic Review,2014,104(2):459–494.

[73] Makino S, Lau C M, Yeh R S. Asset–exploitation versus asset–seeking: Implications for location choice of foreign direct investment from newly industrialized economies [J]. Journal of International Business Studies,2002,33(3):403–421.

[74] Rugman A M. Internalization as a general theory of foreign direct investment: A re–appraisal of the literature [J]. Review of World Economics, 1980,116(2):365–379.

[75] Salvador B, Gorg H, Strob E. Foreign Direct investment, competition and industrial development in the host country[J]. European Economic Review, 2004, 49(7):1761–1784.

[76] Sun L, Fulginiti L E, Chen Y C. Taiwanese industry competitiveness when outward FDI is defensive [J]. Journal of Asian Economics, 2010, 21(4): 365–377.

[77] Vernon R. International investment and international trade in the product cycle [J]. Quarterly Journal of Economics, 1966(5):190–207.

[78] Wei Y Q, Zheng N, Liu X H and Lu J Y. Expanding to outward foreign direct investment or not? A multi–dimensional analysis of entry mode transformation of Chinese private exporting firms [J]. International Business Review, 2014, 23(2):356–370.

[79] Zhao W, Liu L, Zhao T. The contribution of outward direct investment to productivity changes within China 1991–2007[J]. Journal of International Management,2010(16):121–130.